世界の神話入門

呉　茂一

講談社学術文庫

まえがき

世界のほとんどすべての民族は、まだ歴史というものをもたない、ずっとまえから、いろいろな説話、つまり、伝説や物語をたくわえています。その中で、「神」に関係している説話が、いちおう、神話とされています。

ところで、この「神」というのが、たいへん厄介な、扱いにくい、きわめて多面的な概念で、たとえば、本文に出てくるギリシア神話の水の精「プローテウス」のように、いろいろな姿に変わるために、つかまえようとする人の手から逃げてしまうのです。

「神話」というものが、つねに漠然としていて、つかまえにくい傾向があるのは、一つには、こういう性質そのものに基づいているのでしょう。

しかしともかくも、「神」というものは、超自然なある力——こういういい方が悪ければ、人間の運命を左右するところの力、人間世界を動かしていく力のことにちがいありません。

この力を、キリスト教のように「摂理」と見るか、あるいは、古代ギリシア人のように、自然界・人間界を支配する諸力——多くの神々と解するかは、見方のちがいということになりましょう。したがって、「神話」の範囲はひじょうに広くなるわけですが、それだけにまた、人間世界のあり方、そこに起こった著しい、感動的な、あるいは悲惨なできごとについての、幾様もの、民族的な理解と解釈とを示すものといえます。

それは、現代のようにマス＝コミュニケーションのなかった、つまり、新聞・雑誌やラジオ・テレビなど広範な伝達機関のない時代でした。しかも、人間には、ものを考えるだけにとどまらない、じゅうぶんな時間と余裕がありすぎるほどあった時代です。さまざまな理解や解釈が生まれたのはあたりまえです。そして、二〇〇〇年、三〇〇〇年のむかしに、「文化」を創造するだけの余裕をもつことができた諸民族に、いろいろと含蓄の深い、興味ある神話が生まれたのもまた当然といえましょう。

ナイルの河畔やチグリス・ユーフラテス両川地方、インドや中国や伝説時代の日本など、その著しい例です。

この本では、それらについて、これらの「神話」がどんな姿をもっており、なにを意味するかを、しばらく観察することにしました。とはいえ、これらの神話の中でも、とくにその分量や種類だけでなく、その含蓄の深さ、人生の深い奥底を示す点において卓越するのは、なんといってもギリシア神話です。これは、単に、わたくしが以前から、ギリシアやローマの文学・文化を研究し、これに接する機会が多いために、そう考えるだけではないと思います。また、この古典世界が西洋文化の淵源となり、現代文学や美術にも多くとりあげられているためばかりでもないようです。

したがって、この本でも、とくにギリシア神話に数多くふれていますが、もちろんそれも、神話そのものを、いろいろな方面からみて、その本質を理解していただく一方策にすぎません。

「神話」は、いつの時代にも存在するものです。それがまた、現代文学でも、むかしの「神話」のテーマが、くりかえし扱われる理由でもあります。「神話」は絶えず生まれております。神話の永遠性、現代との深いつながりは、人間の世界が存在するかぎり、絶えることはありますまい。この『入門・世界の神話』が、「現代の神話」とか、「二〇世紀の神話」とかいわれることばの、ほんとうの意味をも、あわせて理解する手引きとなりえたら、まことにさいわいだと思います。

一九六四年一一月

呉　茂一

目次

世界の神話入門

世界の神話入門

第1章　神話のさまざま

ジョバンニ・A・ペレグリーニ《アポロン》

I　大蛇退治――アポロンと素戔嗚尊

アポロンが生まれた輝かしい島

ギリシアの首府はアテネ市です。そのアテネから飛行機で飛び立つと、まもなく東南に、かわいいデーロスの小島が見えてきます。地中海のこのあたりは、まっさおなさざ波のあいだに、大小の島々が浮かんでいるので、むかしから多島海（エーゲ海）とも呼ばれてきました。しかし、そのあいだにぽつんとはさまったこの小さなデーロス島が大むかしから有名なのには、わけがあります。

それはつまり、ギリシアの多くの神々の中でも、とりわけ尊ばれている男神アポロンが、この島で生まれたといわれているからです。それでここには、アポロンの由緒深い社があり、ギリシアの各地から、参詣人が絶えなかったのでした。

パロス産のまっ白な、大理石柱が立ち並ぶその社殿のまえには、ライオンの形をしたスフィンクスの列が、船着き場からずらりと続いています。社のうしろは小高いキュントスの丘で、そこには神聖なしゅろの木がありました。伝説によると母神レートーが、激しい産みの苦しみのおり、この木の幹に取りすがって、かれと双生児のきょうだいのアルテミス女神とを、産み落としたということです。そのおり、この光明の神アポロンの誕生に、あたり一面の波は歓喜してさざめき立ち、デーロスの島全体が、金色の輝きにゆらいで、かぐわしいアンブロシアのかおりが、天地にあまねく立ちこめた、といわれます。

大蛇を射殺し、予言の神と仰がれる

アポロンは月足らずの、七ヵ月で生まれたのでした。けれども神さまのことです。見る見るおとなの大きさに育って、たちまち弓と竪琴《たてごと》とを求めたのでした。銀づくりの強弓と、黄金の竪琴です。

それからデーロス島を立ち出ると、ギリシア本土のまん中へ行き、そこにそびえるパルナッソスの山合いで、ひじょうに年功を経た大蛇《おろち》を、まず第一の矢で射とめた、といわれます。その里はデルポイと呼ばれ、はるかなむかしから、大地の女神ガイアの大社と、その予言所とのあるところでした。

この大蛇はピュートーンという名で、ものすごい大きさと力をもち、大地女神の化身だともいわれていました。つまりアポロンは、むかしからある大地女神のお社を占領し、女神を降参させて、その予言所を自分のものにした、とも解釈されます。そしてそれ以来、アポロンは、ギリシアで輝かしい予言の神さまと仰がれ、人々からあつい尊崇を受けてきたのでした。

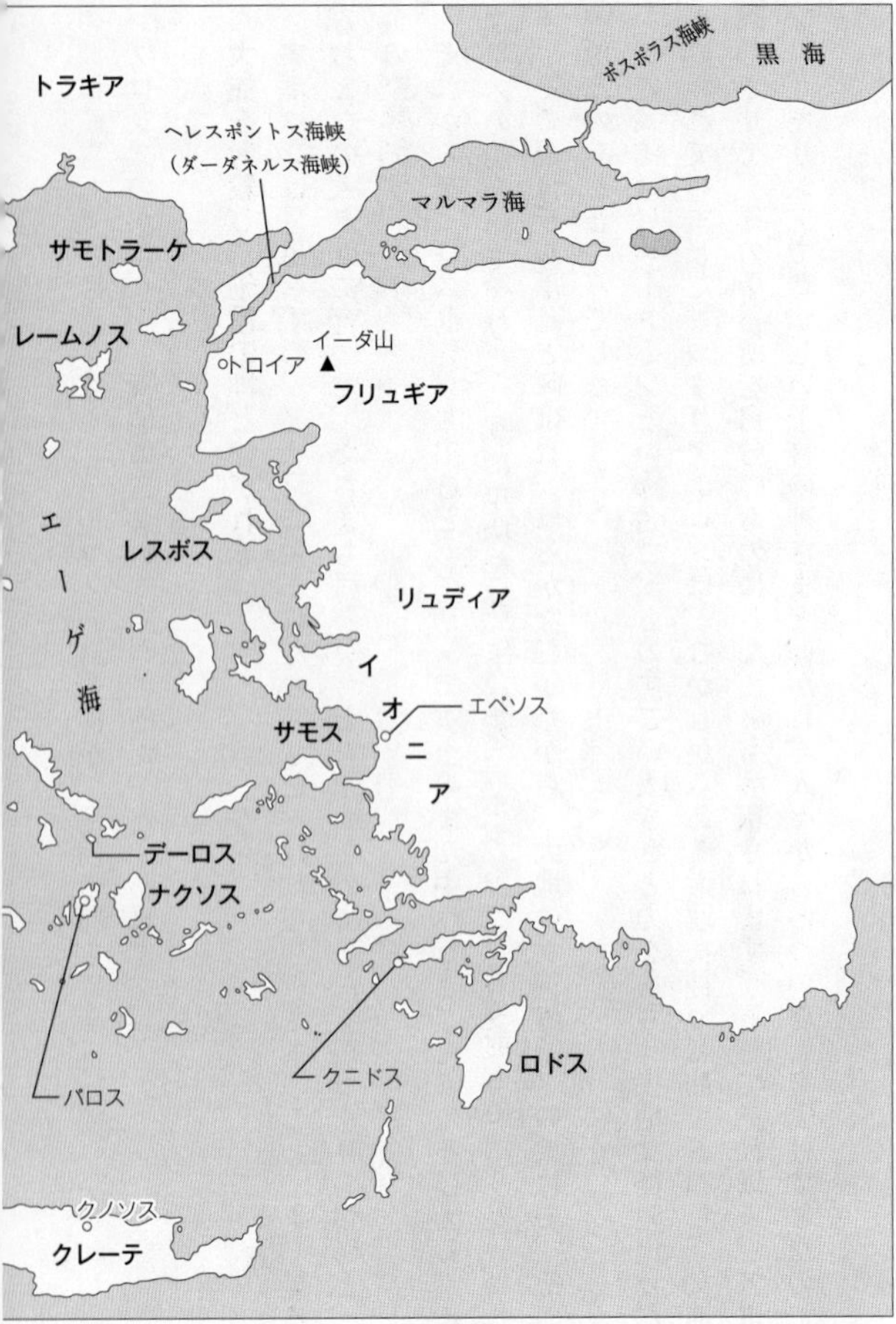

黒　海
ボスポラス海峡
トラキア
ヘレスポントス海峡
（ダーダネルス海峡）
マルマラ海
サモトラーケ
レームノス
イーダ山
トロイア
フリュギア
エーゲ海
レスボス
リュディア
イオニア
エペソス
サモス
デーロス
ナクソス
パロス
クニドス
ロドス
クノソス
クレーテ

マケドニア
オリュンポス山
ドドナ
テッサリア
イオルコス
イ
オ
ニ
ア
海
アイトリア
パルナッソス山
ポキス
イタケー
カリュドン
デルポイ
ボイオティア
テーバイ
マラトン
アッティカ
エリス
コリントス
アテナイ
アルカディア
ミュケーナイ
オリュンピア
ピーサ
アルゴス
アルゴリス
ペロポンネソス半島
スパルタ
アミュクライ
ラコニア
セリポス
メロス
ピュロス
地中海
0
200km

古代ギリシアのころ

大蛇の姿をかりる地の精・水の精

ところでこの大蛇はまた、竜と呼んでもいいのです。というのは、ギリシアでは、大きなへびのことをドラゴンといいますが、これがのちの世のドラゴン、つまり竜ということばのもとなのですから。そして、このドラゴン、つまり竜だかおろちだかは、ギリシアの伝説にずいぶんたびたび出てきます。

たとえばカドモスという神人がテーバイの都を建てたとき、近くの泉にすむ大蛇が、カドモスの家来を取って食いました。そこでカドモスはその大蛇を殺して家来の仇討ちをし、さらにその歯を抜き集めて畑にまきます。すると、そこから鎧《よろい》を着た武士が、にょきにょきとはえ出てきました。カドモスはそれを従えて都を建てましたが、この竜の歯から生まれ出た武士たちが、やがてテーバイの貴族たちの先祖になったのでした。

またギリシアの川の神々も、よく大蛇の姿で表わされています。しかし、このように大地の精や水の精をへびと見るのは、なにもギリシアに限ったことではなく、ほうぼうの国、また日本でもよく行なわれたことでした。

素戔嗚尊と八岐の大蛇

大むかしの日本の神話、たとえば素戔嗚尊《すさのおのみこと》が八岐《やまた》の大蛇を退治した話も、同じたぐいと認められます。つまりこの大蛇というのは、出雲《いずも》国の簸《ひ》の川流域の水霊、この田畑をつかさどる霊物のことと解釈するのが、いちばんしぜんのようです。そこで、素戔嗚尊が、この水霊・地霊を従えて、この地方の農作、稲作を確保したのですが、尊と結婚する奇稲田《くしなだ》姫は、その農耕を表わすものと見られるのです。

一方、この八岐の大蛇は山賊だ、という解釈が古くからあるように、アポロンが退治した竜ピュートーンは、実際にそういう名の将軍がいたのだ、とも主張されました。アポロンがその抵抗を退けて、デルポイの社を自分のものにした、というわけです。

川の神は日本でもよくへびの姿をとります。安珍・清姫で有名な「道成寺《どうじょうじ》」の、蛇体となって日高川を渡ったという清姫も、ほんとうはもともと日高川の精、あるいは主《ぬし》の大蛇だったのかもしれません。

II　花物語——ヒヤシンスとすいせん

アポロンを魅惑した美少年

春や秋の花々は、とりどりに人の心を楽しませ、慰める力をもっています。ですから、むかしの人々が、そうした花に心を引かれ、その花の色や趣から、さまざまな話をつくり出したとしても、ふしぎはありません。

ギリシアの大むかし、先に述べたアポロン神が、デルポイの社を出てギリシアじゅうを巡っておいでのときでした。アポロンは音楽や芸術、また学問をつかさどる神で、また運動競技や、いまでいえば、いろんなコンテストの支配者でもありましたから、ほうぼうを回って歩いて、各地の住民の精神と身体との健康を図る設備や制度が、じゅうぶんかどうか、とどこおりなく活動しているかどうかを、調べていたというわけでしょう。

尚武で名高いスパルタの町の近くの、アミュクライという古い町の郊外でのことです。広い野に設けられた運動場で体育の競技に熱中しているひとりの少年にかれの目はふと引きつけられました。アポロンは人も知るみずみずしい青春の神、いつも青年の姿に現わされる神だけに、のびやかに発達した青年や少年の美しい姿態に、心を深く動かされるのです。

この少年はヒュアキントスといって、その地の領主のむすこでした。そのかたわらへ、アポロンはいつもの美しい青年の姿で降りていくと、少年のもっていたやりをそっと取って投げてみせました。

その血の色に咲くヒヤシンス

こうして始まったふたりの、尊敬と愛情とに輝いた交際は、しかし、まもなく終わりをつげる運命にありました。西風の神のねたみから出たいたずらのためにです。それは、よこしまな西風が、アポロンの投げた円盤を、向き変えさせて、ヒュアキントスの顔に打ちつけたときでした。

少年は地上にくずれるようにひざまずき、倒れました。そして、神であるアポロンでも、少年の命をふたたび呼び返すことはできませんでした。

せめてもの慰めに、アポロンは、少年の血にぬれた地面に、かれんな花を咲き出させました。その花弁には、悲嘆の声を表わすＡＩ《アーイー》の二字が刻まれていました。その花の色も紅に、あるいは血のりのように紫をしていました。これがヒヤシンス、ギリシア語ではヒュアキントスと呼ぶ花の起こりです。

アレクサンドル・キセリオフ《ヒュアキントスの死》（1850−1900年、ワルシャワ国立美術館）

光明の神アポロンの優しい心を伝えるこの話には、しかしいっそうほんとうらしい裏があります。ヒュアキントスという名は、古いギリシア語ですが、生粋のギリシアのことばではありません。それは先住の民族が仕えていた神さまの名と見られます。かれは、もえ出ては茂り、花を開き、やがては枯れる、そうした植物の精霊神だったのです。

アポロンの信仰がだんだんこの地方へも広まってきたとき、ヒュアキントスはアポロンの保護を受ける二級神に落とされました。それはおそらくギリシア民族のうちの一部が、この地方に早く侵入し征服して、土着民をその被護者にしたころのことでしょう。こうした歴史は各国ともに、珍しいものではありません。

愛とねたみのゆくえ

春先に花を開いて、まもなくしぼむ草花には、これと似た説話をもつものが少なくありません。たとえばすいせん（学名 Narcissus）は、もとナルキッソスという美しい少年でした。その少年が池の水に映る自分の姿に見とれ、それを恋するあまりやがてやつれ死にして、その死骸《しがい》からこの花が咲き出た、と伝えられます。

それはあまりな自分本位と自己愛とを戒める説話でしたが、後世では精神分析学で、ナルチシスムス（自己陶酔）ということばまで生むにいたりました。

また、美の女神アフロディテのひたむきな愛を受けた青年アドーニスは、ふたりのあいだをねたむどの神かののろいによって、狩り倉（狩りくらべ）のおり、荒猪に突き殺されました。そして、そのかばね、その血潮から、あの小アジア一帯の春の野を一面に飾る、アネモネの花が咲き出た、といわれます。

アドーニスも、もとはシリア系の男神、植物の精霊神と見られるものです。つまり、シリア語でアドンというのは、尊い地位をもつもの（王・殿さま）への敬称ですが、このアドンということばが、アドーニスの名のもとと思われます。

どこでも似ている人の思いと見る目

それと同じく女神アフロディテも、本来はセム系の大女神が、海上を渡って、早くギリシアの地へ伝わったもののようです。ホメロスの『イーリアス』でも、この女神が小アジア側のトロイアに味方し、ギリシアがたの将士、またオリュンポスの神々から、多少とも冷遇され、白い目で見られているようなのも、おそらく、元来は渡り者だった神格への潜在的な敵意から、といえなくもないのです。

ギリシアには、このほかにもいろんな動物や植物の名まえのいわれ、どうしてかれらがそんなものになったか、を説明する物語がたくさんあります。日本やその他の国々でも、薬草のおとぎりそうとか、ほととぎすとか、動物や植物のいわれを説く話がないではありませんが、両方ともおもにいくらかのちの世の人々の空想から生まれたもので、そう深い因縁はないようです。

しかし、月の中のうさぎとか、太陽のからすとか、中国やインドやアメリカ先住民にも、同じような話があるのは、世界じゅうのどこでも、人の見る目、思う心は、似たようなものであるのを示して、おもしろいことと思われます。

Ⅲ　星座――天に上ったくまの母子

人を導く星・物語る星

地上に住む人間にとって、空に輝く星は、いつも深く心を引きつけるものでした。もしも空がいつも曇って、暗い雲や霧でおおわれ、星のきらめきがどこにも見えないとしたら、あるいは、人がいつもへやの中にばかり閉じこもって、仕事や遊びに夢中になって空の星を仰ぐことを忘れてしまったとしたら、それは人類にとって、どんなに不幸なことでしょう。

さいわいなことに、サーチライトやネオンや、まぶしい広告塔などがまだなかったむかしの人にとっては、空の星々は、ただ一つの夜の飾りでも、手引きでもありました。道を歩くにも、旅人は星をめあてに進んでいきました。ましてて、なにもほかに見えない夜の海では、星がただ一つの水先案内でした。

しかも、夜空の星は、刻々と動いていきます。広い天を渡って、季節につれ、時刻につれ、たくさんな星くずの群れはてんでに、しかも決まった空の道を、まちがいなしに巡っていきます。その出没で人は季節を知り、時刻を確かめることができました。なかにはすぐれて輝きの強い星があります。二つ並んだ大きな星、三つ並んだ星など、とりどりです。また彗星や流星など、人の心を驚かせ、恐れをさえいだかせるものもあります。それをながめるむかしの人々は、当然に、いろんな空想を思い浮かべ、いろいろと星のいわれを考えて、つぎの世代へといい伝えるのでした。

猟師とそれに追われる娘たち

三つ星、四つ星と歌われるのは、だれも知っているとおり、オリオン星座という星の一群です。冬の夜など、とりわけ光を増すように思われるこの星々は、たがいに結びつけると、夜空に立ちはだかる、大きな人の姿にも見えるというので、古代ギリシアの人たちは、これをオリオンという巨人の猟師にみたてたのでした。かれはふつうに、海の主神であるポセイドンのむすことされています。そして毎夜、猟犬を率いて海から空へ昇っていき、獲物を捜して天空を渡っていくのです。

かれの連れたいぬとは、オリオンの踵《かかと》に接して昇ってくる犬座の星たちです。いまでは大犬座と小犬座とありますが、ずっとむかしは、あのシリウス（ギリシア名はセイリオス）という星の中でもいちばんに輝きが強いという星、天狼星がそれでした。中国でもこれをおおかみにみたてたわけです。

この猟師に追われて、空をいっさんに、逃げていく鳥がいます。鳩座の七つ星がそれで、中国では昴星《ぼうせい》、日本ではすばると古くから呼ばれています。それは美しい七つの玉をつらねた飾り輪、みすまるということです。むかしの日本の人たちは、夜の空にかかる玉の輪のおぼろな光と想像したのでしょう。

ギリシアの人たちはまた、大洋の神の七人の娘たち、海のニンフの手をつなぐ輪と空想したのでした。しかもその中のひとり、エレクトラは、子孫であるトロイアの王家が滅ぼされたので、悲しみのあまり、光が薄れてしまい、それでいまでは六つしか、肉眼では見えないのだ、と説明されていました。

狩りくらべに楽しかった美しいニンフ

しかし航海者にとっては、北の空にいつもじっと動かずにいる北極星が、いちばんたいせつな方角の目じるしでした。広いまっ暗な夜の海のまっただ中でも、この星さえ雲のあいだに見つけられれば、まず安心して船を進めることができました。またこの北極星に続く七つの星のさす方向で、時間や季節も知ることができました。北斗七星です。

これを北斗というのは中国からきた名まえで、北のほうにある斗、柄のついた枡《ます》という意味で、その形からきているものです。このように重要な星ですから、天地の気をつかさどるものと考えられ、日本でも平安朝のころには、元日に宮中で、この星を祭る儀式が行なわれたということです。また民間でも北斗さまとか、七曜の星、七つの星とかいって、特別な信仰の対象にされてきました。

天文学では、これらの星は、みな大熊星座に入れられています。こういう星座の学名は、たいていギリシア人のつけた名まえを伝えたもので、したがってギリシア神話に出てきますが、この大熊も、もとはカリストーという、美しいニンフだった、とされています。

このニンフは、あとでも述べる女神アルテミスのお供のひとりで、いつも山野を渡り歩いて、獣や鳥の狩り倉に日を過ごすこの女神に従い、他のおおぜいのニンフたちといっしょに、楽しい年月を送っていました。

愛され、ねたまれてくまの姿に

しかしこの平和な生活も終わりをつげるときがきました。ゼウス大神がこの少女を見て好きになり、アルテミス女神の姿に身を変え、こっそり彼女を連れ出していったのです。そしてカリストーは、幾月かののち、赤んぼうを産むことになりました。

きよらかな生活を喜び、少女たちだけと暮らしているアルテミス女神は、カリストーをふしだらな娘として、ひどく腹を立てたあげく、彼女をくまにしてしまいました。あるいは、くまにしたのは女神ではなく、ゼウスの妃神のヘーラだった、ともいわれています。またはゼウスが、ヘーラの目をごまかそうとして、少女をくまの姿にしたてたのだ、ともいわれます。

ともかくくまになった少女——いまは母親ですが——は、泣き泣き山合いに隠れ、洞穴に住んで、木の実や草の実を食べて生命をつないでいました。しかし彼女の不幸は、これだけ

フランソワ・ブーシェ《ゼウスとカリスト－》(1744年、プーシキン美術館、モスクワ)

で終わりませんでした。それは――。

彼女の産んだ子どもはアルカスと名づけられ、祖父にあたるアルカディアの領主リュカーオンの屋敷で育てられました。かれは成長して、活発で元気のいい少年となり、ことに狩りが好きで、弓矢を持っては、野や山を巡り歩いて、鳥や獣を取ってくるのでした。

もちろん少年アルカスは、自分の母親がくまになっているとは知りません、家の人たちも、知らなかったでしょう。そして、獲物を尋ねて山奥へはいっていった少年は、ひょっこりそのくまと、谷間の道で出会ったのでした。

むすこのねらった矢に近づく母

少年はびっくりして弓に矢をつがえました。

しかし母親であるくまは、ふしぎな本能で、その少年が自分の子の、アルカスなのを知り分けました。そしてなつかしさのあまり、弓に矢をつがえているのも目にはいらず、少年に近づいていきました。

すんでのことに、ひどい不幸が、この悲しい母子を襲うところでした。しかし、大神ゼウスは、まえまえからこのカリストーには、心を配っていたのです。大神はすぐさま、母子を天に引き上げて、星座に変えたのでした。それが大熊と小熊との両星座です。

あるいはアルカスは地上に残され、あとでアルカディア王家の先祖になった、ともいわれます。またアルカスがなったという星は、「くまの番人」（ギリシア語でアルクトゥーロス）だ、とも伝えます。しかし番人とはすこし話がちがうようです。

しかし、こうした説話は後世のもので、カリストーというのは本来アルテミス女神の別名で、「このうえなく美しい女性」という意味です。実際にアルカディアのある村には、カリステーという称号をもつアルテミスの社がありました。

つまり大むかしは、野獣たちの繁殖をつかさどるこの女神自身が、お産の神でもあり、母神でもあって、くまを神獣とし、たぶん、くまをトーテムとする種族の崇拝を受けていたと考えられるのです。それが天に上り、星座になったというのは、ずっとのちの時代、オリュンポスの神々がもう固定化し、国家の祭壇に祭られるようになった、ギリシアの盛時からのことでした。

Ⅳ　七夕祭り

「たなばた」とはなにか

数多い星の伝説の中でも、とりわけて広く知られ、いまでもかなり実際に年中行事の一つとして認められるのは、七夕祭りでしょう。これを天の川を隔てて、牽牛《けんぎゅう》と織女という二つの星が、年に一度、天帝の許しを得て巡り会うのだ、という中国の伝説はだれしもの知っているところです。

しかし、七夕と書いて、どうした「たなばた」と読むのでしょうか。七夕は、いうまでもなく、七日、つまり七月七日の晩ということと考えられます。しかしそれは、一方では、七月の一四日、つまりお盆から、七日まえの晩ということでもあります。

お盆は祖先や身内の、なくなった人たちの霊を供養する日です。しかし供養というのは、仏教がはいってきてからの話で、もとは、そうした死んだ人の霊を祭る、また霊が、現世にいる人たちの身近に立ち帰ってくる日でした。そのお盆のためのしたく、いわば祭りの初めが、この七夕にあたると考えられます。

それでは、「たなばた」とは、そもそもなんでしょうか。これは、折口信夫《おりくちしのぶ》博士が「七夕祭りの話」とか、「たなばた供養」という文で説明しておいでのように、棚《たな》の織機（はた）

《牽牛と織女の再会》（19世紀末、頤和園、北京）

ということにちがいありません。

それで、この「たなばた」というのは、水に近いところ、海岸とか川のふちなどに、かんたんな小屋がけをして、その台、つまり棚でもって、選ばれた娘がはたを織った、という、むかしのわが国の習俗から出ているものだ、ということです。

天上の織女と棚機姫との合体

では、なぜ海岸や川のほとりで織ったのでしょうか。

日本のある地方では、いまでもいろんなものを、川や海へこの夕に、流す習わしが残っています。また、この日の朝に水を浴びるところもあります。

またこの織り布は、尊い客、つまり霊なり神なりを迎えるためのしたくでした。選ばれた少女は、川や海の水でみそぎをしてからだをきよめ、そこで神聖な客を待ち受けているはずでした。いろんなものを水に流すのも、それにからだのけがれを移して流し去る、という意味のものです。

みそぎというのは、日本でも古来から広く信ぜられ、守られてきた一つの宗教的な風習で、斎戒沐浴というのが、つまりそれです。

しかしこのみそぎも、あながち日本に限られた習俗ではありません。インドネシアやインドの人々が、宗教上の意味をもって、川にはいって身をきめよる習わしは、あなたもよく知っておいででしょう。むかしのギリシアでも、宗教的なけがれを受けた人は、川や海でそのけがれを洗い落としたものでした。つまり、海や川の水には、そういう神聖な力があると信じられていたわけです。その習慣は、キリスト教などで神前に出るとき、手に水を注ぐ、という習わしに伝えられています。

日本の古い歌には、この「たなばた」姫のことを歌ったものがいくつもあります。それほどこの習慣は著しい特色のあるものだったのです。ですから、中国から牽牛と織女の話が伝わってきたとき、人はすぐそれを棚機姫に結びつけました。牽牛は彦星《ひこぼし》ということになりました。そして地上の棚機姫は、中国からきた星祭りといっしょにされて、天に上らせられたのです。

V　湖畔に立つポプラとかしの木

ゆったりした壁に囲まれて

神話や伝説には、このように、古い宗教的な習慣やおきてや祭りの由来を説明するもの、または習わしそのものが伝説の形をとっているものがたくさんあります。また、だれの目にも触れ、あるいは注意を引く、花とか木とかの姿形、または星のいろいろ、変わったようすの鳥や獣などを空想に託したものも、ほうぼうの国にたくさんあります。

しかしまた、こうした一般的な、いわば普遍的な性格のいい伝えではなく、特に歴史上の一人物とか、あるいはある地方の特殊なことがらが、その時代またはその地方の、これに直接触れた人々や影響を受けた人たちの胸に深い感銘を与えて、それがついには伝説の形をとるにいたったものも、少なくありません。史実が伝説化した例は、日本でも義経とか将門とか、近くは猿飛佐助や鼠小僧など、いくらも見いだせますが、つぎの話などもある地方の特別な事情が、伝説化され、やがて広く当時の世界に伝えられた例と認められるものでしょう。

それは、ギリシアから海を隔てた向かいの、小アジアの西北部にあるフリュギアという地方に伝わる話です。そこには丘陵が多く、そのあいだを川が流れ、大小の湖水も少なくありませんが、そのうちの一つの湖畔に近く、ゆったりとした壁囲いの中に、一本のポプラと、一本のかしの木とが、並び合って立っているのがめだちました。

小屋に住むあたたかい心の老夫婦

もうずいぶんと古い木で、壁囲いのぐあいから、以前はそこに、小さな社でもあったらしいようすです。そして、いい伝えでは、そこから見下《みおろ》される一帯の低地はもと畑だったものが、とつぜん水が出て、いまのような湖になってしまった、ということですが、それには、このような話があるのでした。

この社のあるところは、むかしの村のはずれで、そこにはもと小さな小屋があり、ピレモオンとバウキスという老夫婦が住んでいました。子どももなく貧しい老夫婦は、わずかな土地を耕し、がちょうやにわとりを飼って、このかやぶきの小屋に、乏しい暮らしを立てておりましたが、それでも心は満ち足りて、人を憎んだり、ねたんだりしませんでした。たまさか立ち寄る旅人でもあれば、優しくしんせつにもてなすのでした。

ちょうどこのころ、天上の暮らしにもあきた大神のゼウスは、むすこのお使い神ヘルメスを連れて、ほうぼうの国を視察に出かけようと思い立ちました。そしてある夕方、この村を訪れました。ところが、ゼウスもむすこのヘルメスも、もう相当足もくたびれ、腹も減ったというのに、けちんぼなうえに意地悪い村の人々は、だれもふたりに夕食を出してくれようとしません。まして泊めようなどとんでもないこと、ふたりは重い足を引きずりながら、村を出ようとしたところで、この老夫婦の小屋を見つけたのでした。

神の愛を受けていつまでも生きる

少々こいつは見すぼらしい、まあだめだろう、たとえ食事を出してくれても、ろくなものにはありつけまい、とふたりは思ったことでしょう。しかし老人の夫婦は神々を迎え入れると、ありったけのごちそうを出し、だいじにしているがちょうさえしめ殺してふるまおうとするのでした。ふたりの神さまはその心根に感激して、たくさんのほうびを与えました。それだけに、根性の曲がった村人たちにはひどく腹を立てたのです。

その結果、夜中に大水が出て村人をおぼれさせ、りっぱな畑も一晩で湖水の底に沈む——ということになりました。一方、神々の手引きで大水を免れたピレモオンとバウキス夫婦は、そのうえ、尽きることのない食べ物や飲み物を与えられ、以前の小屋はりっぱな社に変えられ、その宮もりを勤めて余生を送ったということです。

それだけでなく、やがてふたりの寿命が尽きて死のうというとき、ゼウス大神はその願いを聞き届けて、夫婦をかしの木とポプラの木に変え、社のまえに立っていつまでも宮もりの役を勤めさせてやりました。これがのちの世にも旅人の目に深い感銘を与えた、その壁囲いの中のポプラとかしの大木のいわれです。

どこにもある老樹にまつわる物語

これが名高い『ピレーモンとバウキス』の物語で、グノー（一八一八—九三）のオペラにも作られているものですが、こうした名木にまつわる説話は、他の国にもたくさんあります。日本でも古いところで木花咲耶姫《このはなさくやひめ》とか、三輪のすぎにまつわる物語、やや新しくは三十三間堂棟木のやなぎの由来、または墨染めざくらなどいくつもあります。

またギリシアでは、木にはドリュアスという木のニンフ、老樹の精ならばもう若い娘の姿でもないでしょうが、またはハマドリュアスというニンフが住みついている、と想像されました。ことに神木とも呼ばれるような老樹には、いろんな話がかこつけられます。

こうしていろいろな神話や伝説が生まれてくるわけですが、その大本となるものはなんでしょうか。その根本にひそむ理念といったものはなんでしょうか。つぎの章では、それをしばらく尋ねてみようと思います。

第2章　神話の成り立ち

デーメーテル像

I　裁く神から踊る神まで

神話と伝説

神話というのは、世界のいろんな民族が、むかしから語り伝えている伝説、それの、主として神さまに関係のあるものをさすとみていいでしょう。あるばあいには、特に神さまに関係はないものの、そういう話といっしょに、または連関して伝えられてきた、つまり一般伝説も含めて神話といわれることもありましょう。

また、ときには、新しい神話、現代の神話、などというい方をすることもありますが、それについてはいちばん終わりのところで、考えてみるとします。ですからここでは、神話というのは、むかしから語り伝え、いい伝えてきた、つまり伝説の、神に関するもの、または神と関連のあるものとしておきます。

神話の中の神とは

そこですぐ問題となるのは、ではこの神とはなにか、ということです。むずかしい問題ですが、これをほうっておいては、話が先へ進みません。またこれは、現代でもたいせつなことがらですから、いちおう考えていくことにしましょう。

しかし、ここで、では神というものの本質はなにか、などと開き直るのは、いささかならず筋ちがいで、それは哲学、あるいは神学というものの領分ですから、このところではさしあたり、神話に扱われる神に限っておくことにします。

まず自分たちを守ってくれるもの

ところで、この神話を生みだしたむかしのいろんな民族（あるいはいまでも、それと同種類の伝説を信じている民族）、そのおおよそに通じている神というものの理念は、まず第一に、人間以上の、すこしオーバーな表現を使えば超自然的な、ですから人間がどうすることもできないような力をもっているもの、となります。ここでいま、オーバーだといったわけは、たいてい、かれらの「神」の中には、自然の諸力が含まれているからです。

ですから、万物を育てる太陽や、夜の空に静かな光を投げる月は、当然に神の中にはいります。天照大神《あまてらすおおみかみ》というのは、この太陽を神格に象徴化したものといえます。また、奥深く、きわまりのない空や、ときには恐ろしく狂暴に、ときには穏やかになぎしずまって船を運ぶあの海も、神々の中に数えられましょう。

しかし、そういう自然神から、もうすこし深くはいると、人間の生活を内から規正する、あるいはかき乱す力も、当然神々に数えられていいわけです。つまり、戦争とか平和とかも、神といわれましょう。また、愛とか正義とかおきてとかいう理念、あるいはそういったすべてを総合して、人類を守るものも。

しかしこの全人類などという理念は、むかしの一般の人たちが思いつくことのできるものではありませんでした。それでまず初めは、自分たち——自分たち一族とか、自分の氏族とかを守ってくれる力、これがまずどこの国でも、どの民族でも、いちばんたいせつな、したがって力のある、神の理念になりました。

社会の秩序を守ってくれるもの

もうすこし社会が進歩すると、その社会の秩序を守り、その各員に正当な生活の権利を保障し、非道や不法の行ないを罰するものが神となります。

そこで、社会のいろいろな部門のそれぞれに、これを守る神が想定されます。ギリシアの(オリュンポスの)神々は、だいたいこの段階にあるものでした。たとえば、女神アテーナは、手技や工芸の司神、ヘルメスは通信や商業の、また旅人を守り、道路の保安をつかさどる神、そして主神ゼウスは、社会の綱紀を保ち、正義を守り、弱い者に庇護を与えます。

一方アポロンは、文芸や音楽、また医療の元締めでもあります。この医術のほうは、あとでかれのむすことされる、アスクレーピオスにゆだねられ、その子孫?が、医者の本家とみなされました。有名な医聖ヒッポクラテースは、この家がらの出身なのです。

種族とともに戦う守り神

しかし近隣の国々と対立関係にあり、あるいは隣の部族といつも戦い合っているような種族では、先に述べたような、種族の守り神が、戦いの神としてとりわけたいせつな役めを負わされています。いつもなにかの災害に脅かされている種族も、その点では似通っています。アメリカ先住民の部族の神々、アフリカ先住民の守護神などは、たいていそうした性格をもっています。

ことにむかしの時代の、まだ人間の生活が不安定で、自然の脅威にさらされがちだったころは、一般にそうした神格への要求が強かったわけです。西洋でも日本でも、このたぐいはたくさん見られます。氏神《うじがみ》とか産土神《うぶすながみ》とかいうのも、そうした姿の神さまの和らいだ形といわれましょう。

ギリシア神話でも、トロイアの戦いのおりには、オリュンポスの山上にたむろする神々も、ギリシアがたとトロイアがたとに分かれ、それぞれひいきのがわについて戦い合った、といわれています。これもおのずから、それぞれ生来の縁故によったもので、自分と古くから関係のある部族の参加しているがわについたわけであります。

踊る神・踊らす神

しかしギリシアでも、これは大むかしの話で、社会形態の整ってきた盛時（古典期と呼ばれます）では、先にお話ししたように、神々も分業制度で、それぞれの管轄区域を守ったわけでした。それでも、こうした情勢から、さらにおいおいと進んでいくと、さらに国民の生活全般にわたって、精神的な慰めや安らぎや救いといったものを与える神の姿が浮かび出てきます。

予言の神としてのアポロン、婦人にいこいと慰めを与えるデーメーテルとコレーの二女神、さらに酒の神でもある復活のもたらし手、ディオニュソス、——ギリシアの民衆一般に、とりわけ強い救いの手をさしのべたのは、こうした神々でした。

ディオニュソスの信者たちは、祭りのとき、酒にでも酔ったように（酒を飲んで、という類も、おおぜいいたにちがいありませんが）狂い立って、無我夢中で歌い回るのでした。それはいまの日本にもある、踊る神さま・踊らす神さまに遠くありません。

最後の審判者としての神

それはつまり、ふだんは抑圧され押しこめられ、鬱屈《うっくつ》している人の心が、急に爆発して解放を求め、踊り狂う姿です。このばあい、宗教はいわば社会人心の安全弁の作用をするともいえます。

これとまず反対なのが、古くユダヤ人がもっていたような、峻厳で、正義をきびしく守り、不法を裁く神の姿です。それは紀元前数百年間も虐待され続けてきたユダヤ人が、長いあいだに、種族の守り神を、摂理の守護者、究極の救世主、最後の審判者にまで、昇華させた理念でした。

はじめは自分たちの罪を裁き、いつかはおちついた生活と栄えとを約束してくれるはずの神が、現世をこえた永遠の場で、正しいものには安らぎを、よこしまなものには不断の刑罰を、それぞれ分け与えることになったのです。

II　『死と少女』

万物を屈服させる神

シューベルトの歌曲に、『死と少女』という名高い曲があります。死の神と、それに連れ去られようという少女との問答の形で、おもおもしい、また哀れに優しいふしが続きます。

こうした主題《テーマ》は、しかし、大むかしからあるものでした。死は、人間みなの、免れえない運命でした。そして、死をもたらすものは、「万物を屈服させるもの」と、むかしのギリシア人が呼んでいる力強い「神」です。なぜなら、それは人間をその意志にかかわりなく、暗い地下の幽冥界へ、連れ去ってしまうと考えられたからです。

この青白い顔をした恐ろしい死の神が、まだうら若い、優しい少女を、いまむりやりにも、死の国へ連れていこうとする、それはむかしから、あらゆる人の胸を打った、痛ましい現実でなくてはなりません。そしてむかしのギリシア人は、これをデーメーテル女神の娘コレー（のちに冥土の王の妃として、ペルセポネー）と、冥府《よみ》の国の王プルートン（ハーデスとも呼ばれる）の物語につくりました。

野べに花を摘む美しい少女

デーメーテル女神についても、ほんとうは長い話をしなくてはなりません。それは地中海一帯に住んでいた原住民の、大地の女神が変わったものと考えられるからです。しかし、ここでは歴史時代のギリシアで、穀物の司神とみなされていた、デーメーテルとしましょう。

この母神の、豊かなひざもとで、あふれこぼれる慈愛に包まれておい立った娘神コレーは、まだ一〇歳を、いくつもこさない年ごろだったでしょう。

きびしい冬も、西の微風にようやく氷を解いて、デーメーテルのお宮のある、ここ、シチリア島のエンナの丘にも、若草がようやくもえてきました。天気のよい日に、コレーは幾人かの友だちを誘って、そこの野へ散歩に出たのでした。日当たりのよい野原は、もうすっかり春めいて、ことに、すいせんだのクローカスだのが、そここに、紅や黄色の花を開いていました。

その花を摘むコレーや愛くるしい少女たちの姿は、まったく絵のようでした。けれども、この楽しさは、長く続かないことに、定められていました。すいせんやクローカスの花を集めて野をさまよっていたコレーは、ひときわみごとなすいせんのくさむらを見つけました。そこにはめだって大きなすいせんが、百あまりもあろうかというほど、いっぱいに花をつけていたのです。

クリストフ・シュヴァルツ《コレーの掠奪》(1573年、ケンブリッジ大学付属フィッツウィリアム美術館)

少女誘拐に母神デーメーテルのいかり

コレーは喜びにひとみをきらきらさせて、はせ寄りました。そしてその太い茎に手をかけたとき、突然、そこの大地が割れ、奥深い穴の底から、車輪の響きとうまのひづめの音とが、高く聞こえてきました。それは見るまに、四頭立ての白馬を駆る、威厳に満ちた、しかしどことなくうれわしげな貴人として現われました。そしていきなり、コレーの手を取ると、うむをいわせず車に乗せて、またもとの割れ目の中にはいってしまいました。

花摘みに夢中だった少女たちは、この一瞬のできごとに気がつきませんでした。しばらくしていないのに気がつき、ほうぼうを捜したときには、コレーの姿は、もうどこにも見つかりませんでした。

女神デーメーテルが、娘のコレーを尋ねる、長い放浪の旅は、このとき始まったのでした。そのつかさどる穀類は、女神の悲しみから、うれわしげに穂をたれ、じゅうぶんに実ることもできなくなりました、せわもゆきとどかなくなったのです。

女神は娘のありかを尋ねて、世界じゅうを捜し回りました。そして太陽神から、とうとうその誘拐者はあの冥府の王で、ゼウス大神の弟であるプルートンだと聞くと、ゼウスを恨む心から、世界じゅうに飢饉を起こさせました。それで神々のもとにも、お供え物がなんにも届けられなくなりました。それらはみな、デーメーテルのせわなしでは、できないものでしたから。

もちろん、冥府の王プルートンがこの過激なふるまいに出たのは、ゼウスの同意があったからです。プルートンの花嫁として、ゼウスはとうからコレーに目をつけていたのですが、母神がどうしても承知しなかったものでした。地下の暗い世界へ娘をやって、死の神の妻として永久に住まわせるなど、許せることではありません。それでデーメーテルはすべてをすぐに悟りました。世界じゅうのなに一つとして、ゼウスの許可なしでは起こるはずのないことを、よく知っていたからです。

春は地上に、冬は冥界へ

際限のない飢饉や疫病に、とうとうゼウスも閉口して、プルートンに命じて娘をいちおう帰させることにしました。ところがあいにくなことに、コレーは、冥府からのもどりぎわに、一粒のざくろの実を口に入れたのでした（ローマの詩人オヴィディウスはこれを七粒とも、別なところで三粒ともいっています）。

冥界のものを食べると、この世には帰れないおきてです。そこでゼウスも困ったすえ、コレーのばあいは特別に、一年のうち冬のあいだは冥界にとどまり、春になると母神のもとに帰り、そして冬が来るとまた地下へもどる、というふうに裁定しました。

フレデリック・レイトン《コレーの帰還》（1891年、リーズアートギャラリー、ウエスト・ヨークシャー）

いまも残る死者の国の考え

ですから冬になると、娘と別れた寂しさに、穀物の司《つかさ》デーメーテルは憂いに沈みます。そしてその憂いのために草木も枯れ、あの冬げしきになるのだ、といわれています。

このように、あの世を訪れたものが、そこで飲食すると、ふたたびこの世に帰れなくなる、という考えは、広く世界の諸民族のあいだにあるものでした。たとえばフィンランドの民族的叙事詩『カレワラ』でも、英雄ワイナモイネンは、死者の国へ行って食事を拒絶します。また、ニュージーランドのマオリ人や、アフリカのズールー人などのあいだには、いまでも同じ思想が見られるといいます。

それはもともと、食事をともにするということが、そこの人々と一種の結びつきをもたらすという信仰に出ているので、これは日本でも古くから認められる思想でした。

『死と少女』の主題は、こういったいろいろな副旋律をまじえて、この「女神デーメーテルの受苦」の賛歌をつくりあげているわけです。その中には、「掠奪婚」のこともはいっていましょう。そしてまたギリシア以外でも、多くの挿話を生み出してきたのでした。

Ⅲ　金色のひつじの皮衣

まじないと魔法

まじない（禁厭とも書かれる）というのは、広く世界の未開な民族だけでなく、そうとう文化の発達した国民のあいだでも、たとえば現在、日本でもしばしば見受けられる現象です。お札《ふだ》とか、お守りなどというのは、つまりこのたぐいですが、もちろん、中世や古代の社会では、とりわけ一般に強く認められるものでした。中世の文学、『源氏物語』とか『竹取物語』とかを見ると、すぐに出てきます。

これと似て、すこし西洋的なのは、魔法でしょう。のろいをかけて、人を獣にする話は、中国の清初の怪奇小説『聊斎志異《りょうさいしい》』などにもありますが、魔法というと、もすこし明るく、もすこし玄奇な、空想めいたものに聞こえます、たとえば人工の香水「夜の……」のように。それに比べて、まじないは、自然物からつくられた沈香《じんこう》か抹香《まっこう》にたとえられます。

しかし魔術師は、原始社会でもっとも有力な権威者でした。それは人間のもつふつうの能力以上の、超自然な力を駆使するものだったからです。諸国の神話や伝説に魔術使いが現われるのも、ふしぎではありません。日本でも、この趣をもつものは、少なくありません。たとえば、大国主命《おおくにぬしのみこと》が、素戔嗚尊《すさのおのみこと》を尋ね、その娘の須勢理比売《すせりひめ》を連れて逃げ出すとき、くしを投げたり、帯を投げたりすると、それが山や川となって追跡者を妨げる類です。

父王を裏切るメーデイア

ギリシア神話の中で、とりわけ魔法使いの一味として名高いのは、太陽神のむすこといわれるコルキス王アイエーテスの一族でした。王の妹は、ホメロスの長編叙事詩『オデュッセイア』に出て、主人公の英雄（オデュッセウス）のなかまをぶたに変えたという、妖女キルケーですし、娘は怪しい女神ヘカテーの巫女《みこ》メーデイアです。

このメーデイア（ラテン語ではメデア）は、ギリシアからはるばると、金色のひつじの皮衣を取りもどしにきた王子イアソンを助けて、奥深い武神の森でその番をしていた巨竜を魔術で眠らせ、父王を裏切って皮衣を取り、相携えて船で逃げ出します。そのときメーデイアは、いろんなものを投げ捨てて父王の追跡を退け、とうとうぶじにギリシアのイオルコスの港に帰り着くのです。

巨船アルゴーの遠征として名高いこの物語は、いろんな伝説の要素を含み、またその乗組員五〇名には、そのころの名だたる勇士のほとんど全部を網羅して、ギリシア神話伝説の体系中でも、一つの大きな山をなすものでした。

『竹取物語』と近似する世界

しかしそもそもこの物語の金色のひつじの皮衣というのが、くせものにちがいありません。それでむかしからいろいろ解釈されていますが、どれが真実かは、だれにもわからないでしょう。むしろこのコルキス王アイエーテスが、もとはギリシアのコリントス市の領主だったらしく、同市は太陽崇拝の一中心として、先住民の占拠した時代から、重きをなしていたものと推察されます。

つまり、アイエーテスは、その神官か祭司で、一方メーデイアはその名からして、この地方を治める大地の女神と考えられます（メーデイア＝治める女性）。王子イアソンとメーデイアの夫婦は、のちにコリントスへ行って、そこの領主になるというのが、古伝のある一つの筋でした（別の筋では、イアソンはコリントスの王女に見染められ、メーデイアを捨てて結婚しようとし、手ひどい復讐を受ける。エウリピデスの悲劇『メデア』の主題）。

またメーデイアは、大なべでもって老人を若返らせたり、薬草のしるで身を火炎にもこげないようにしたりしますが、これは明らかに魔術ですし、竜の車を呼んでそれに乗り、虚空をのがれるのは、孫悟空にもいささか似ています。さらにまた、日本の古い伝説『竹取物語』に、かぐや姫のほしがる五つの宝のうちに、火鼠の皮衣と竜のあごの玉があるのは、結びつけて考えると、メーデイアの物語の巨竜が守る金色のひつじの皮衣に近いものにもなりましょう。伝説の世界は、遠くて意外に近いものです。

Ⅳ　オデュッセウスと百合若

よく似た二つの英雄物語

日本のいろんな地方、ことに岡山県から北九州にかけて、百合若《ゆりわか》という人物の説話が広まっています。

岡山などでは、桃太郎の話とまじったようで、やはり桃から生まれ、幼名を桃太郎といい

歌川国芳《木曾街道六十九次之内　深谷
百合若大臣》（1852年、ボストン美術館）

ます。それが何十艘もの船を率いて、鬼が島を征伐に行き、その帰りに暴風に会い、何年かたって故郷に帰ると、もうだれも見分けてくれる人がいません。

壱岐の話し方では、そのおり領主の屋敷に、むかし百合若だけが乗りこなせたという鹿毛《かげ》のうまが残っていて、それを巧みに御したことで、はじめてかれだと信じられ、領主の娘と結婚して国を治めた、となっています。

また岡山の吉備津《きびつ》神社には、百合若が持っていたという鉄の大弓が伝わっていたそうですが、おそらくこれは、かれだけが乗れたという、うまの話の代わりに、かれだけが引けたという弓の話と想像されます。

明治の文豪坪内逍遙《つぼうちしょうよう》（一八五九—一九三五）は、この物語をギリシアの古伝説に比べて、ホメロスの『オデュッセイア』の主人公オデュッセウスの物語が、古く日本に伝わってきたものだろう、と推測しました。英語では、このギリシアの英雄はユリッシーズと呼ばれるので、「百合若」となったのではないか、と逍遥は考えついたのでしょう。

筋も素材もふしぎに符合

オデュッセウスも、トロイア遠征に誘い出されてから、城下の戦いに一〇年、帰り道に暴風雨に会い、漂流を重ねてまた一〇年、合計二〇年たってから故郷のイタケー島に帰ってきます。そのあいだに赤んぼうだったむすこのテーレマコスはりっぱな若者となり、また、結婚してまもなかった妻のペーネロペイアは、夫がもう二〇年もゆくえ不明なのですから、みなもう死んでしまったものと考え、再婚を勧められて弱っていました。

そこへ、老いぼれの物乞い姿でオデュッセウスが帰ってきて、妻子を苦しめてきたおおぜいの求婚者たちを倒すわけですが、そのさいに、むかし自分だけしか引けなかったという強弓を曲げたわめ、弓に弦をかけて並居る者を驚かせます。それからオデュッセウス

C・トマ・デジョルジュ《オデュッセウスと求婚者たち》(1812年、ロジェ・キリオ美術館、クレルモン・フェラン)

は、かたわらの矢をつがえると、つぎつぎと無法な求婚者を射倒していきます。

また、かれがむかしの館《やかた》へ帰ってきたとき、門のまえにむかし飼っていたいぬが、寝そべっていました。アルゴスという名のいぬです。もうすっかり年をとって、目もただれ、歯もみんな欠けていましたが、それでもむかしの主人を見ると、かすかに尾を振りました。そして、安心した喜びでか、そのまま息を引き取ってしまったと歌われています。

この、むかしのいぬだけ変わらなかったというのが、むかし乗ったうまの話と、趣を等しくしている、ともいえます。両方とも、強弓に関係のあるのも、ふしぎな符合ですし、船を率いて遠征に出、その帰りに暴風雨に会い、何年もして故郷に帰る、という筋も同じです。

ゆりはうりの変化からか

さらにおもしろいことには、船に乗って帰るとちゅう、船べりにからだを縛りつけさせ、やっと帰れたという段が、百合若説話にあるのですが、この挿話は、オデュッセウスが諸国を巡り渡るとちゅう、魔女シレーネスどもの住む海岸を通過するさいに、魔女の歌に引きつけられないよう、自分のからだは帆柱にゆわえつけさせ、水夫たちの耳にはろうを詰め、やっとその誘惑を免れた、というのを思い出させます。

百合若説話では、この「縛りつける」ということが、なぜそうするのか本質的な理由もなしに出てくるので、そのことが他の話の転化と思われ、ほんとうはいっそう、もっと詳しい

オデュッセウスとシレーネスのモザイク画（３世紀、バルド国立博物館、チュニス）

いい伝えがあって、それが渡り渡ってわが国に着いたものではないか、と想像させるのです。

　しかし逍遙が、この両者を結びつけて考えたのは、第一にユリッシーズと百合若という名まえの音の相似からだったでしょう。ところが、そんなに古く、鎌倉時代か平安朝末かに伝わったとするなら、またはその後の、足利期末にしろ（南蛮人の渡来から）、そのころに接することのできたヨーロッパ語は、たとえばラテン語・スペイン語・ポルトガル語、あるいはオランダ語にしろ、これをユリと発音する国語はなく、みな「ウリ」です。ですから、瓜若《うりわか》、とでもいったなら、あるいは確かかもしれません。

　しかし反対に、ウリがユリに、日本国内で変わらないともかぎりません。また右記の「船べり」に縛りつける話は、日本の説話では必然性がないので、借り物のにおいがしますし、弓もふしぎな合致です。そのうえ、桃太郎と結びついたのも、二次的であって、本然らしくありません。

説話の伝わり方はたいへん速い

歴史以前の古い時代に、さまざまな説話のモチーフやタイプが、一民族から隣接する他民族へ、あるいはその分派によって遠隔の地方へ伝えられるのは一般的なことがらです。また歴史時代からでも、たとえばインドやエジプトの動物寓話は諸地方を渡り歩いてさまざまな変形や追加を受け、ギリシアの『イソップ物語』や、アラビア散文文学の最古の作品『カリラとディムナ』の物語などを生み、さらにそれからそれへと伝わります。

そして日本でももう、イソップから出た『うさぎとかめの話』(うさぎがうたた寝するまに、かめがせっせと歩いて競走に勝つ)とか、『王さまになったさるの話』とかは、そう外来のものと感じられなくなっています。

またギリシアの話がインドに伝わり、さらにのちのシルク゠ロード(天山から甘粛《かんしゅく》、陝西《せんせい》地方へ)を経て中国へ、それから日本へ伝わってこなかったとはかぎりません。ぶどうのふさをとり入れたぶどう唐草の模様や、ふくらみをもった柱列(奈良の唐招提寺などにある、ギリシアの神殿の石柱の様式にならったもの。ふくらみのことをエンタシスといいます)は、その実例でもあります。また、そうした伝播は、意外に速いこともあるのです。

複雑多様な日本神話の由来

ローマ時代（紀元三、四世紀ごろ）に発したものなら、ウリクセース（ギリシアではオデュッセウス）がユリーに変わらないともかぎりません。やはりいくらかの可能性は残るようです。

ともかく、このように、あるいはもっともっと古い時代に、民間や地方に伝わる説話には、とんでもない離れた地方の話と、つながりをもっているものが、いろいろにあるものです。ことに、日本のように、民族の起源がひじょうに古く、しかもいろんな種族が、長いあいだに重なり合い、まじり合ってきた国では、そうした関係もひじょうに入りくんでいて、なかなか具体的には、つかめないばあいも多いのです。

しかし、古い縁故を思わせる、このような話も、ほかにいくらもあります。日本神話は、のちにもちょっと触れるように、じっさいに由来の複雑な、きわめがたい、多様性を示すものと思われます。

V　史謡の世界——トロイの木馬

進展しないトロイ攻略戦

ウリクセースの話が出たついでに、もう一つ、かれの最大の手がらとして、伝えられている挿話『木馬の計略』に触れていきましょう。

トロイというのは英語読みで、本来はトロイアです。このトロイアを包囲するギリシア軍の遠征も、もう一〇年めになっていました。しかし、堅固な城は、いっこうに落ちる気配を示しません。トロイアがたの老王プリアモスは、勇将として知られた長子のヘクトルこそ討ち死にさせましたが、ほかのむすこや親族たち、あるいは近隣諸国からの援軍にささえられて、依然として城塞にたてこもり、いっこうに降参しません。

いっぽうギリシアがたは、なにぶんにも遠国へ出征していることですから、兵糧も遅れがち、装備もしだいにそこなわれていき、あまり気勢が上がりません。兵士たちのあいだには、もう長いこと、不平や不満がくすぶり続けています。

大将たちはこれを憂えて、たびたび寄り集まっては、対策に頭を悩ますのでした。そのとき、オデュッセウスが申し出たのが、木馬の計です（一説に、ヘルメス神のむすこ、プリュリスというものの策だ、ともいわれますが、この名は怪しいもの）。

オデュッセウスの木馬の計

それは、巨大な木馬をつくり、その腹に武装した勇士を隠し、神への宥和のためと敵に思わせ、これを残して海上へ逃避しよう。そして、トロイア勢が、戦利品と思って城内へ引き入れたら、夜のやみに乗じて勇士たちは町中に火を放ち、そっともどってきたなかまと力を合わせて、城を落とそう――という考えでした。

これはあまり確実性のない策のように思われましたが、ここに、カサンドラーという巫女が出てきて成功に導きます。このカサンドラーは、その予言や戒告が、かならず他人に信ぜられず、受けつけられない、という運命を背負っていたのですが、その彼女が、木馬を城へ入れてはならないといさめるのです。これでは、トロイア人らも、木馬を城内に入れないわけにはいきません。

こうして木馬の計でトロイアは陥落したわけですが、その年代は、むかしの歴史家の記録によると、紀元前一二世紀の初めごろとなります。そして古代ギリシアの歴史家たちは、このトロイア遠征の記録を、だいたいにおいては、もちろん事実として、いささかの疑念もはさまずに認めていました。

トロイの木馬（Henry René d'Allemagne, *Histoire des jouets,* Paris: Librairie Hachette & cie, 1902）

シュリーマンの夢と伝説の核

また近代でも、これを事実と見る人は、少なくありません。その中には、古代ギリシアに熱烈な愛情をもっていた人々も数えられます。そして、このトロイアの遺跡や、トロイア戦役のときのギリシア軍の総帥アガメムノン王の居城と知られたミュケーナイなどを発掘して、ギリシア考古学に新しい紀元を開いたシュリーマンは、その代表的なものとされます。

かれは一八二二年に生まれ、空想家で冒険好きでしたが、中年から貿易商として、相当の成功を収めました。そのあいだもかれは勉学を怠らず、また歳に任せて多数の外国語を修得し、五〇歳ごろにはじめて、長年の目的だったトロイの発掘にとりかかりました。その後のかれのすばらしい成功については、その自伝『古代への情熱』(岩波文庫、村田数之亮訳、一九五四年)を見るとつまびらかです。

つまりかれは、古代ギリシア叙事詩、ホメロスの『イーリアス』にあるトロイやミュケーナイの記述を真と信じ、それに従って行動したわけでした。

このような古い記録、あるいは文学の述べるところに、なにかの、あるいはいくらかの真実がひそんでいるであろうということは、疑えません。それはあるいは、古代ギリシアの哲学者エピクーロスが首唱したように、また近代科学がだいたいにおいて肯定するように、無から有は生じないという法則の、精神的な一例ともいわれます。伝説には、なんらかの「核」がある、と信ぜられます。

大戦役の原因が一つのりんごとは

しかし、トロイア戦役の遠因は、三柱の女神たち、ヘーラとアテーナとアフロディテとが、黄金のりんごを争い、その審判をトロイアの王子パリスに任せた、その「パリスの裁判」である——などというのを本気で信ずることは、おそらく現在ではだれもできますまい。

そもそもこのりんごというのは、争いの女神エリスが、英雄ペーレウスと海の女神テティスとの結婚披露に招かれなかったのを恨んで、大げんかを持ち上がらせようとし、世界の西の果て「黄昏の娘たち《ヘスペリデス》」の園からもいできたもので、それに、「もっとも美しい女神へ」としるして、婚礼の場へ投げ込んだ、というのです。

三人の女神の誘惑、それでトロイアの王子パリスは、人間のうちのいちばん美しい人を与えるというアフロディテの誘いに応じて、彼女にりんごを渡し、その代償として世界一の美女、スパルタの王妃ヘレネーをかどわかすのに成功しました。

しかしそのため、ヘレネー奪還の軍をギリシアがたに引き起こさせ、ヘーラ・アテーナ両女神の援助のもとに、トロイは陥落し、パリスも戦死し、その一家も滅びます。一方、ペーレウスとテ

ルーベンス《パリスの裁判》(1632–35年頃、ナショナルギャラリー、ロンドン)

ティスとのあいだに生まれた、ギリシアがた第一の勇士アキレウスも討ち死にします。ギリシア軍の総大将アガメムノンも、故国へ凱旋するとそうそう、妃のために計られて死を遂げるのです。

こうして、死神のほか、だれひとり得をするものもなく、史上かつてない大戦といわれたトロイアの役は終わりをつげます。争いの女神にしろ、得たものは、むなしい満足にすぎないでしょう。

神話の虚偽と真実

しかし、このような、戦争の真因が、三女神のねたみに基づいているなどということを、事実と信ずる人はまずいないでしょう。これを「神話的」な、アレゴリーとでも解して、説明しようというもの以外には。

ここに神話の、虚偽と真実とが、ひそんでいるのです。ただ散文的な見方をすれば、このような伝説にも、先に述べたような、歴史的な事実の「核」があるわけです。そしてその周囲に、さまざまな古代人の想像や幻想や、あるいは他の話との入りまじりや、混同や付会などが加わって、一つの、「トロイア戦役顚末《てんまつ》」という、漠然たる物語ができたもの、と考えられます。

そして、ギリシアの詩人や文学者や、いろんな人が、それを各自の聞き伝えたように、思うように、また望むように、全部なり一部なりを構成し、潤色し、書きおろしたものが、後世に残された、交錯し矛盾もするいろいろなトロイア伝説といえます。

第3章　世界の神話

マックス・ブリュックナー《ワルハラ》

I　永遠の生を求めて

メソポタミアの神話

世界のいろんな国の神話伝説も、大なり小なり、このトロイア伝説と似かよった性格のものといえます。ただ、ギリシアのように文学がひじょうに発達して、詩人の力が大いに加わっているものと、ほとんど、あるいはまったく、文字がないとか、書かれたものが残っていないとか、伝わっていても読めないとかで、口伝えにしかむかしの話が残っていない国とでは、もちろんようすがだいぶちがってきましょう。

人類の文化史を繰り広げてみて、名高い神話で、その中間を行くぐらいの状態にあるのが、メソポタミア地方の神話です。この地方、いまのイラク国の領域ですが、そこには、紀元前四〇〇〇年代から、村落があり、かなり進んだ文化をもって、もう小国家の形態を備えていました。そして、紀元前三〇〇〇年代の初めごろには、スメル族の王の名が見られます。それは北の、丘続きのふもとの、エレクとかキシとかいう町の王でした。

このスメル族の国家に引き続いて、バビロン・アッカド・アッシリアなど、いろんな種族の国家が興り、あるいは滅んでいきましたが、それらの国々も、その伝える神話や伝説は、ほぼいちようのものでした。その中でもとりわけて特色のあるのが、洪水伝説と英雄ギルガメシュ Gilgamesh の話です。洪水伝説は、つぎの節でも述べますから、ここではギルガメシュの叙事詩についてお話ししましょう。

半神半人の英雄ギルガメシュ

この伝説は、いちばん進んだ形では、紀元前七世紀中ごろの、土を焼き固めたかわらの板に刻みつけた楔形文字の文書をなし、アッシリアの都ニネヴェーの、アッスルバニパル王の図書館にあったものです。しかしその由来はきわめて古く、もっと原始的な形では、紀元より二〇〇〇年以上もまえからあるので、初めは上記の、スメル族がもっていた英雄伝説をもとしたものと考えられます。

ギルガメシュ叙事詩が刻まれた粘土板

この英雄ギルガメシュというのは、エレクの町の、最初の王朝の王のひとりとなっているので、多少は史実の核をもっていたかもしれません。しかし伝説には、いうまでもなく、すぐとおおぜいの神々や怪物や巨人が出てきて、わたしたちを神秘の世界へ引きこんでしまいます。

瓦文《かわらぶみ》の伝によると、かれは神々のつくったもので半神の英雄であり、その三分の二は神、三分の一が人間でした。その姿は野生の牡牛のように昂然《こうぜん》として、その進撃に耐えるものとてはありませんでした。しかしかれは、社殿や城塞の造営にあまりに急で、臣民を酷使したので、臣民たちはその無慈悲さを、神々に訴えました。

そこで神々はエンキドゥという巨人をつくり、これをギルガメシュと、戦わせることにしました。エンキドゥは、からだじゅうにもじゃもじゃ毛がはえていて、頭髪は女のように長く伸びていました。そして野原で、ひつじといっしょに暮らしていたのを、誘い出してギルガメシュの町へ連れていき、かれに挑戦させせました。

怪物を退治し女神の誘惑を退ける

しかしギルガメシュは早くから、母である女神ニンスンの入れ知恵で、このことを知っていて、かれと戦わずに、かえって友だちになります。そしてエンキドゥを手厚くもてなし、最高の名誉を与えて、エレクの宮殿に住まわせます。それからしばらくして、ふたりはいっしょに、住民を悩ませている怪物フワワ（これはバビロンの呼び名で、アッシリアではフンババ）を退治に出かけます。

この怪物は大女神イシュタルの宮がある深いすぎの森にひそみ、「巨大な口からは火を吐き、その息は死である」というのでしたが、太陽神シャマシュの助けを得たふたりは、とうとうこの怪物も押えつけて、その首を切り落としました。

そこでイシュタル女神は、こんどはギルガメシュをその美しさで誘惑しようとし、美しい衣を着け、冠をかぶり、帯をしめ、英雄のまえに姿を現わします。しかしギルガメシュはこれにまどわされず、これまで彼女の誘惑に負けて命を失った男たちのことをあげ、女神をとがめました。この話の中に、女神のために殺された、彼女のかつての愛人タンムズ（ギリシアのアドーニス、イシュタルは女神アフロディテに当たる）の物語が出てくるのです。

女神イシュタルはおこって天に上り、大神アヌに復讐を求めます。そこで大神は恐ろしい牡牛をくだして、ギルガメシュの国に害を加えさせます。

巨人の死と永生の秘密捜し

牡牛は、まず初めの鼻息二度で、何百という住民をたちどころに死なせました。そして三度めには、これを迎えにきた巨人エンキドゥにおどりかかります。エンキドゥはその角をとらえて、あぶないところを免れましたが、かなわないと見て、ギルガメシュの助けを呼び求めました。ギルガメシュが駆けつけ、角のあいだに剣を突き刺し、とうとうこれを退治すると、その心臓を取り出して、太陽神シャマシュに供えました。

イシュタルのいかりは絶頂に達し、そののろいで、ふたりのうちひとりは、死なねばならないことになります。そして、エンキドゥにそのくじが当たり、病気になってやつれていきます。かれはあらゆるものをのろいますが、シャマシュにさとされて本心に返り、友を祝福しながら死にます。

ギルガメシュの悲嘆は、尽きるところがありません。とうとう、死というものにゆきあたったギルガメシュは、永生の秘密を求めて、賢人ウト゠ナピシュティムを、世界の果てに尋ねていく決心をします。ギルガメシュの長いさすらいはここに始まりました。

山々を越えていくかれは、ししの群れを退治し、またさそり人に出会って、道を教えられます。あるいはまた暗黒《くらやみ》の国で、人間はかならず死のときを迎えなければならないことをさとされ、「楽しく暮らすように心がけろ」といわれますが、かれはそれをきかず、なお進んで、美しい海の岸べに到達します。そして、それを渡った「死の水」の国で、ついにウト゠ナピシュティムに会うことができました。

根強くもむなしい人間の願い

この賢人は、先にこの世界が大洪水に襲われたとき、船に乗って水死を免れ、妻とともに神々から不死を授けられたものでした。そしていま、英雄を助けて、その身をきよめさせ、永生の秘密のかぎである薬草を深い水底から捜し出させます。

しかし、ようやく手に入れた薬草も、ちょっとしたすきに、へびに取られてしまいました。ギルガメシュは失望落胆して涙をしきりに流しますが、もう二度と賢人のもとへは、行けませんでした。

ギルガメシュは友エンキドゥの霊を求めて、死者の国を尋ねます。そしてかれから、心細い死霊のありさまを告げられ、また将来、エレクの国が滅ぼされる運命にあることを知ります。——ここまででだいたい、ギルガメシュの物語は終わりになっています。

このギルガメシュの友情や、友の死に会っての嘆き、冥界訪問などは、ギリシア叙事詩によく似た例が見いだされます。不死永生を求めることも、多くの国にその類例があり、こうした思想がむしろ、あらゆる人間の心中に深く存在しているものであることを示していますす。死者の国、それをとり巻く海、生命の木、それの求めがたいこと、再生の秘儀などは、あるいは自然発生的な主題、とも考えられます。

II　ノアの大洪水

聖書に受け継がれた「ノアの箱船」

「ノアの箱船」の話は、洪水説話の中でも、いちばん広く知られているものでしょう。それは『旧約聖書』の初め、創世記の第四節にあるので、キリスト教の国々では、小さい子どももよく知っている話になっています。

しかしこの旧約の中でも古くつくられた、創世記などの数章といっても、その制作は紀元前の一二〇〇年ごろからあととなっているので、たとえ伝説としてもっとむかしからあったにしろ、内容的に見て、先に述べたバビロンやスメルなど、メソポタミアの神話を受け継いだもの、と考えられるのです。

つまりまえに述べたウト＝ナピシュティムとその船、それに乗せこんだ鳥や獣や宝物など、また悪人が滅ぼされて、神を敬い、礼節をわきまえる賢いものだけが生き延びた、ということなど、さらに細かい船の造り方なども、この例証になるわけです。

それにメソポタミアにはむかしから大きな川が二つあって、大水のよく出るところでした。ところが旧約のできたユダヤやカナアンなどの地方は大きな川もなく、したがって大規模な洪水などは出ようがありません。それに海からも離れていますから、大きな船の建造法など、よくわきまえていたとも考えられません。

その反対に、エジプトでも、中国でも、インドでも、大きな川を控え、古くから開けていた地方はみな、洪水説話をもっています。

人類を罰する四〇日四〇夜の雨

ところでまず、ノアの話はどんなものか、いちおうあらすじだけでも、見ておきましょう。

人類の創造と楽園追放ののち、人間はだんだんとふえるにしたがって、堕落して悪いものが多くなりました。それでとうとう創造者である神も、地上から人類を滅ぼそうと決意されて、四〇日と四〇夜のあいだ、ひっきりなしに雨を降らせ、天上天下の水門をあけ放したのでした。たちまち大水が出て、野も町も浸していきました。やがては森も林も、丘までも、どんどん水中に没していき、人も獣も、ぞくぞくとおぼれ死んでいきました。ただその七日まえに、神さまは義《ただ》しい人ノアにだけは、このことをあらかじめ教えて、大きな箱船を造らせ、板の継ぎ目を瀝青《ピッチ》で塗りこめたうえ、すべての鳥や獣や、爬虫類《はちゅうるい》や虫までも、一つがいずつ船の中へ、収めておかせました、もちろん、たくさんの食物もいっしょに。

雨降りの四〇日が過ぎたとき、ノアは箱船の窓をあけて、そこから一羽のからすを送り出しました。しかし、どこにもかわいたところがなかったので、そのからすは帰ってきませんでした。そのつぎに、ノアははとを送り出して、どこかにかわいたところはないか、見てこさせました。しかしどこもみなまだ水だったので、はとは船に帰ってきました。

エドワード・ヒックス《ノアの箱船》(1846年、フィラデルフィア美術館)

ノアとその一族地上に帰る

それからさらに七日たって、ノアはまたはとを出してやりました。すると夕方になって、そのはとはオリーブの緑の枝をくわえて帰ってきました。それでやっと、水の引いたのがわかりました。

ノアが箱船を出ると、その妻やむすこたち、そのまた妻たちやむすこのまたむすこたちがそのあとに続きました。なにしろノアは六〇一歳だったというのですから、子孫だけでもたいへんな人数だったでしょう、それに鳥や獣が、そっくり一つがいずつですから、船の大きさも相当なものと考えられます。

それはともかく、鳥や獣も、もちろん船から外へ出て、それぞれすまいを見つけたでしょう。ノアはそれから祭壇を築いて、神に感謝の祈りをささげました。そのさい、ひつじの丸焼きを供えたということですが、それは箱船に乗せこんだ一つがいのうちか、ほかにいたのかは、わかっていません。たぶんよけいに準備してあったのだろうと考えられます。

以上が『旧約聖書』の洪水説話の大略です。つぎにギリシアへ行きましょう。

ギリシアの洪水とデウカリオンの船

ギリシアの話も、人類の堕落と、そのための神のいかりと、これによって引き起こされる洪水でした。まず人類に火を与えたといわれ、また、粘土をこねて、はじめて人間をつくったともいわれる巨人神プロメーテウスに、デウカリオンというむすこがいました。

人類もふえてくるにしたがって、悪いことをするものが多くなり、大神ゼウスもたいそう腹を立てていましたが、この男だけはたいへん慎み深く正直で、神を敬いました。かれはテッサリア地方の王でした。

ところで、いよいよゼウスが、天上天下の水門をことごとくあけ放って大水を出し、全人類を水死させようとたくらんだとき、デウカリオンは父のプロメーテウスから、あらかじめその話を聞いていました。プロメーテウスは、将来のできごとをすべて見とおす力をもっていたからです。

デウカリオンは父親の勧めに従って船を造り、いろんな鳥や獣を乗りこませ、雨が降り出したとき、この船にとじこもって難を免れました。九日九夜（バビロンよりだいぶ短くなりました、国が小さいせいもありましょう）降り続く雨の中を漂いわたり、とうとう一〇日めの朝、船はパルナッソス山の頂に流れ寄りました。

洪水は、そんなにも激しかったので、たいがいの人は、丘へ上がったものも、高い木によじ登ったものも、みなおぼれて死にました。

洪水のあとのギリシア人の祖先

デウカリオンは、船からはとを一羽飛ばせてようすを見ました。するとはとは、どこから

デウカリオンとピュラ（ヴァージル・ソリスによるオウィディウス『変身物語』の木版画）

かオリーブの枝をくわえて帰ってきました。そこで船から降りて、神々に感謝の祭りを行ない、また畑を耕しにかかりましたが、だれも手つだう人がいなくて困りました。パルナッソスのふもとにあるデルポイのお社に神託を伺うと、母親の骨を拾って、肩越しにうしろへ投げろ、ということでした。デウカリオンと妻のピュラとが石を拾って（つまり、母親の骨というのは、大地の骨で石のことだと判断したわけです）肩越しにうしろへ投げると、かれの投げた石は男の人に、妻のピュラが投げた石は女の人になって、ふたりを助けるのでした。

この夫妻のむすこヘレーンから、すべてのギリシア人は出たのだ、とギリシアの神話作者は解説しています。

魚が救うインドの洪水説話

インドのもかなり趣が似ていて、もう紀元前の六世紀ごろから記録に残されています。それは大むかしに、マヌーという英雄がいて、魚の知らせで大洪水が来ることを知り、船を造ってこれに乗りこみ、難を免れた、ということになっています。そのとき、先の魚がまた船のともづなを引いていき、北のほうの高山に着けた、といわれています。

マヌーは船から降りると、やはり神々にお礼の犠牲《にえ》をささげますが、このマヌーが人類の祖先である点も、ギリシアのと似かよっています。

そのほか、大むかしに、洪水を治めて王に選ばれたという中国の禹《う》王の話など、中国にもいろいろ大水の話はあります。日本や南洋や南北アメリカなど、洪水の話は広く世界じゅうに見いだされるものの、そのあいだの関係は、先のバビロンとユダヤなど以外、わりにはっきりとしません。つまり大むかしは、ことに洪水が多くひどかったので、自然発生的に各地方で洪水の説話がつくられたからです。

それでも南洋などの小さい島の洪水説話は、あるいはかれらの祖先がアジア大陸か大きい島かにいたおりにもっていたものの残り、と考えられるかもしれません。

Ⅲ　ピラミッドの秘密

五〇〇〇年来ナイル川に栄えてきた国

メソポタミアに劣らないくらい、古いむかしから開けていた地方、しかもそれ以来、ずっと続いて栄えてきたことでは、ほかに比べるものもないくらい古い国はエジプトです。アフリカの東北隅に、世界有数の大河であるナイル川のせまい谷合いの田畑、その川口にある広いデルタ（三角州、デルタというのは、ギリシア語のアルファベットの第四、dの字名で、△の形なので、川口の州の形から、こう名づけられたわけ）――これがエジプトの生命でした。

紀元前の三〇〇〇年以上もまえ、つまり、いまから五〇〇〇年以上まえの新石器時代から、この地方ではいろんな生活技術の積み重なりが、町をつくり、国をつくり、いっそう整った、またゆたかな日常へと進んでいきました。その第一王朝は紀元前三〇〇〇年に近いころ築きあげられたものです。

このエジプトも、多くの部族から構成されていました。その首長は、いろいろな鳥や獣や虫の類を、トーテム、つまり宗教的な信仰の対象旌幟《せいし》（はた・のぼり）として持っていたのです。これらの部族は、各地に割拠していましたが、地形上、しぜんと上エジプトと下エジプトとに分かれて、抗争対立を続けていました。

この両エジプトをはじめて統一して、全エジプト王国を建てたのが、第一王朝の伝説的な創設者、メナ（ギリシア人のいうマネス）でした。そのトーテムはたかで、たかの頭をもつホールスが主神でした。そしてその王たちは「たかの崇拝者」として知られました。

これに対して下エジプトのトーテムは、やまいぬのようなジャッカルでした。またそれぞれ、わしと毒へびのコブラとが、その表徴として用いられました。エジプト彫刻によくこうした動物の頭をもつ神像が見られるのは、このような理由からです。

古代を語るピラミッドの内部

エジプトの、いまの首府カイロの郊外には、有名なギゼーのピラミッド（三角塔）があります。いちばん大きいのは、一六〇メートルほどの高さをもつ巨大な石の三角塔ですが、これを墓碑として造りあげたのは、第三王朝・第四王朝あたりの帝王をはじめとします。なかでも大きいのはスネフルとかクフとかいう王のものです。

このピラミッドには、死んだ王のミイラが置いてあるへやが奥にあり、そこへ通じる秘密の通路があって、また祭壇や、儀式を行なうへやなどもありました。その中には、いろんな副葬品が置かれ、その壁はいちめんに、エジプト文字や彫刻や壁画でおおわれています。これらの文書が、一九世紀になって、やっとエジプト文字の解読が進むにしたがい、はじめて読まれるようになって、むかしの王たちのこと、その思想・遺言・宗教・神話などについても、いろいろと理解が進んだのでした。

エジプトの天地創造

このようなピラミッド文書や、パピルスの巻き物や、その破片などで知られる、古代エジプトの神話・宗教は、ずいぶん多方面にわたり、いろんな変化もあるので、ここにはその中

太陽神ラアの船を運ぶヌン

の天地創造の物語と、イシス女神の説話とを、もっとも重要な例としてお話ししようと思います。そのうちの前者は、主としてメルネレー王とネフェルカレー王（第四王朝）とのピラミッドの内側に刻まれていた碑文、さらには、いわゆる『死人の書』（紀元前一六―一四世紀ごろ）によったものです。

万物創成の朝に、アトゥム＝ケプレル神がまず高みにあって、ベン鳥（後世、不死のフェニックス鳥と同一視）のように上り、まず大空の神シュウを、続いてしめりけの神テフヌト神を吐き出し、そして腕をさし伸べて、精霊カアをかれらに吹き入れました。

世界のはじめに、このアトゥムを包んでいたのは、混沌《こんとん》ヌンだといわれます。そしてこのアトゥムは、やがて太陽神ラアと同一視されました。エジプト人にとって、太陽は万物を生み出し、育てる、その根元なる神だったのです。それからつぎつぎに、大地ゲブ、女性である空ヌト、穀物の精霊神オシリス、生命であるその妃イシス、死であるかれらの敵セト、イシスの妹のネプテュスなどが生み出されました。

この終わりの四柱の神々は、豊饒な下流の農業地帯ブーシリス辺に起源するオシリス神話の神々ですが、上の五柱の神に加えられて、一等神にはいりました。

英王オシリス神と王妃イシス

後代、このオシリス・イシスの崇拝が、ローマ時代までひじょうな勢いで広まり、エジプトの宗教の根本となります。それは、これが復活の教えで、かつまたこの世における善と悪、生と死との争いを象徴するものだったからでした。

オシリス神は、大地ゲブと、大空の女神ヌトのむすこでした。そして王としてエジプトを治め、有能で慈愛に富んだ君主として、衆望を集めました。これをうらやみ憎んだのは、かれの弟のセト神でした。かれは死と悪との権化とみなされます。そしてオシリスをだまして殺し、その死体を箱に詰めてナイル川に流しました。

妃のイシスは、もちろんたいへん嘆き悲しみ、とうとうこの箱をシリアの海辺で見つけ

イシス像（紀元前７世紀、ウォルターズ美術館、ボルチモア）

て、エジプトに持ち帰ります。そしてふしぎな力で、かれとのあいだにひとりのむすこホールスをもうけました。

これを知ったセトはたいへんに腹を立てて、オシリスの死骸を捜し出すと、これをばらばらに切断して、エジプトじゅうにまき散らしました。しかしイシス女神は、これにもめげずに、さっそく国じゅうを捜してその断片をたんねんに寄せ集め、これを継ぎ合わせました。

これを見た太陽神ラアはイシスに同情して、死人たちの司《つかさ》で、やまいぬジャッカルの頭を持ったアヌビス神に命じて、オシリスの死体をミイラにしたてさせました。

万物の生みの親イシス

ミイラはつまり、死者がいつかは生きかえると信じていたエジプト人が、そのため死体の痛まないよう、特に考案したくふうだったのです。このオシリスのミイラができると、王妃イシスは自分の翼でこれをあおいで、生きかえらせました。それ以後、オシリスは冥界の王として、死人たちの審判者になりました。

一方、この地上の世界は、むすこのホールスに受け継がれました。かれは父母に代わって悪の神セトと争い続けましたが、とうとう神々の裁きによって、かれが現世の正統の君主と認められるときがきました。邪はとうとう正に打ち勝つことはできなかったのです。

人が死ぬと、その霊は死者の国へ行って、オシリスの裁きを受けます。そのかたわらには、先の死の神アヌビスや、たかの頭をしたホールス神が控えています。さるの形をした知恵の神トトも、手つだいに控えています。そして真理のはかりにかけて、死んだものの心臓を計ります。万一、真理が軽すぎると、その心臓はかたわらに控えた怪獣に食われてしまうのです。

イシス女神は、オシリスの妹で、また妻でした。オシリスが死んでは、また生まれ変わる穀物の精霊から出ているとすれば、イシスはこのよみがえりの原理でした。彼女は生であり、知恵であり、万物の生みの親でもありました。欠けてはまた満ちる月は、彼女のしるしでした。彼女は大地、それを表わす牝牛でした。額の白い牝牛がその聖獣とされました。またあらゆる魔術も、彼女のつかさどるところでした。こうしてその教えは、広く古代世界に伝えられたのです。

Ⅳ　美しく奥深い北欧の神話

ここでは神もまた死を免れない

世界の多くの国々のいろいろな神話伝説は、それぞれの趣、それぞれの美しさ、力強さ、あるいは深みをもっています。その中でも、特異な力と、奥深い、しかもぴかっぴかっと光るロマンティシズムのきらめきに満ちているのは、北欧の国々、スカンジナビア諸国の神話

J・ドイル・ペンローズ《イズンとリンゴ》（1890年）

です。

その中の一つかみの伝説は、紀元後の九世紀ごろから一三世紀ごろにわたって、一大叙事詩編に定着され、『ニーベルングの物語』として知られています。また一九世紀末のすぐれた音楽家ワーグネルも、これと並行する一連の説話を、『ニーベルングの指輪』という、四編の楽劇につくりあげました。

しかしこの指輪の話は、北欧神話の一くさりにすぎず、その全般は北極に近い氷の島、アイスランドの詩人スノリ＝ストルルソン（一二、三世紀）によって、『エッダ』という長編の物語詩に、はじめて集録されたのでした。

この幻想的な、北欧の神々の伝説では、すべてのものが経過的で、暗い人間世界の、無常観に包まれているようです。それはまったく、北欧の長い冬にたちこめる濃霧とも考えられます。この霧の夜と戦う日の光、人間を生かすものこそ、神々の力なのでした。しかしそれには終わりがあって、また冬が訪れます。

つまり神々にも、ついには滅びるときがくるのです。「不死の神々」というギリシア人の考え方は、この北の国々では、通用しないのでした。

不正や暴力を監視するオーディン

夜の長い、冬は何ヵ月も氷にとざされている北の島の住民たちのいい伝えでは、この世界を支配するのは、アサと呼ばれる神々の一族でした。この神々は、大空高く、群雲の奥にあるアスガルドという宮殿に住まっていました。この城は、大空を貫くイグドラシルという、とても巨大なとねりこの木のこずえにあって、雲のあいだに宮殿の群がりが隠見するのでした。

このアスガルドを治める神々の統率者は、オーディン（ドイツのヴォータン、イギリスではウォダン、水曜日Wednesdayは「ウォダンの日」という意味です）は壮年の男神で、髯《ひげ》もものしく、輝く金のかぶとをかぶったその姿は、いかにも威厳に満ちた、全世界の統治者にふさわしいものでした。

オーディンはその宮殿から、いつもこの世界を見張っていました。それは単に人間の世界に、不正や悪や非行がはびこるのを監視するためばかりでなく、そのかなたにある、巨人の住む国ヨトゥンヘイムをうかがうためでもありました。むしろそのほうがたいせつだったのです。というのは、ものすごい形相をした凶暴なかれらは、いつも神たちや、人間世界に仇をしようと、すきをうかがっているからでした。

オーディンのかたわらには、二羽の大がらすと二匹のおおかみとが控えていました。このからすたちの名は、フギン（思想）とムニン（記憶）と呼び、朝から晩まで、世界じゅうを飛び回ってきて、見聞したできごとをオーディンに報告しました。

運命の泉と知恵の泉

神々の城をささえているイグドラシルの大木には、三本の根があり、その一つは人間世界に、一つは巨人の住むヨトゥンヘイムに、あとの一つは死者の住む霧の国ニーフルヘイムに延びていました。またその根もとには、二つの泉があって、その一方は三人の運命の女神たちノルンが守るもの、もう一方は巨人ミミールが守るところの、ミミールの泉でした。

ノルンは、毎日泉の水をくんで、大木の根にそれを注ぎかけます。それは、この木の根を、ニドホグという悪竜が、毎日かじっていくので、木が枯れてしまったら、神々の城も、人間の世界も、破壊されてしまうからでした。つまり、竜がかじるぶんを、水をかけられた根の生長でつぐなおうというわけです。またミミールの泉は、いろんな知識と、これを知り分ける知恵の力の源でした。この水を毎日飲むミミールは、だれよりも賢いものでした。

オーディンは、いっそう賢い統治者になりたい、過去のことも将来のことも知り分けることができるようになりたいと考えて、このミミールを尋ねました。そして片方の目と引き換えに、ミミールから、たっぷりと泉の水を飲ましてもらいました。これでまえよりいっそうすぐれた知恵を得られた代わりに、オーディンは片目になってしまったのでした。それでもこの片目で世界じゅうを見回し、その眼力は、以前にもまして、いっそう鋭く、深いものになったといいます。

神々の日々の暮らし

アスガルド宮には、オーディンのほか、その弟で力の強い勇敢な雷の神トル（木曜日 Thursday がこのトルの日）だの、美と愛との女神フレイヤ（金曜日 Friday の持ち主）など、おおぜいの男神・女神が住まっていました。巨人の一族から神々に帰順したロキもそのひとりでした。この神は賢いながらずるくて、少々たちが悪く、信用のできない神でした。

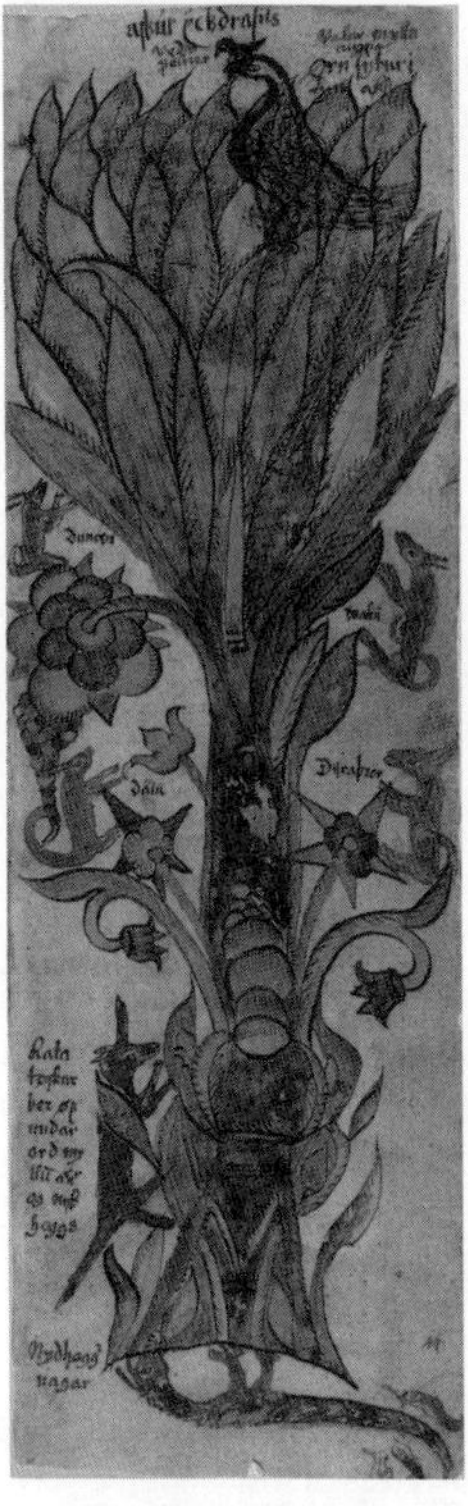

イグドラシル（アイスランドの写本「AM　738　4to」、17世紀）

そして神々の一族がついに滅びるにいたったのも、このロキの裏切りからでした。

オーディンはまた、ワルキューリという、勇ましい乙女の神たちを、その部下にもっていました。人間世界に戦争があると、オーディンはこの「戦いの乙女たち」を派遣して、戦死した勇士たちをアスガルドに連れてこさせます。

またこの宮殿には、ワルハラ（戦いの広間）という大広間があり、勇士たちは、そこでオーディン以下の神々と、酒盛りや武術の試合をして日々を過ごすのでした。

オーディンとそのなかまの神々、かれらと巨人たちとの争い、たがいに敵を計り合った計略のかずかず——それらは北欧の神話の大きな部分を占めるものです。なかでも神々の敵である巨人のひとりが石工にばけて、ワルハラの宮殿に城囲いを造ってやろう、と申し出た話などは秀逸です。

石工にばけた巨人の謀略

石工は、宮殿を守る城壁を、一冬のあいだに築きあげよう、その代わりに、美の女神フレイヤと、月と日とをもらい受けたいと神々にいいます。神々は困りましたが、だれにも手つだわせないこと、一日でも遅れてはならないことを条件に、やむなく承知しました。剛毅な雷神トルは、あいにく戦いに出かけていて、当分帰れなかったのです。

ところが石工は、人こそだれも使いませんでしたが、ふしぎなうまスワディルファリに大石を運ばせ、どんどん城壁を造っていきました。そして冬が終わる三日まえには、もう城門を残すだけになりました。

神々は大あわてにあわてて相談し、ずるい男神ロキを責めたて、なんとか完成を妨害させようと計りました。そこでロキは一頭の美しい牝馬を連れてきて、石工のうまスワディルファリを誘惑させました。二頭のうまは、主人も仕事も打ち捨てて、森の中へと駆けこんでしまいます。こうして石工は、積み上げる石がないので、すっかり困り、かっとなって巨人の正体を現わしてしまいました。

それは神々をだまし、この世界から光明と美と愛とを奪い去ろうとたくらんだものでした。巨人はおこってワルハラをこわしにかかりますが、呼びもどされた雷神トルのつちの一撃で、打ち殺されました。

こうしてワルハラの危機は救われたのでしたが、石工のうまを誘惑した先の牝馬も、実はロキのばけたものなのでした。

黄金を生むのろいの指輪

この北欧神話の終わりに、有名な『ニーベルングの指輪』と、その主人公ジークフリートのことを、お話ししましょう。この指輪はどんどん黄金を生み出すという、ふしぎな金の指輪で、もと岩山のあいだに住むアンドヴァリというこびとたち（これがのちに、ニーベルング族、つまり、「霧の国の住民たち」になります）の持ち物でした。

さてオーディンが世界視察の旅に出て、はからずも魔法使いフレイドマルのむすこがかわうそにばけているのを殺したとき、（殺したのは、実は同行していた例のいたずら者ロキでした）フレイドマルは賠償として、そのかわうその皮をおおうだけの、黄金を要求しました。

オーディンは、ロキを使者に立てて、こびとアンドヴァリのところへ、黄金を取りにやりました。ところがロキはこびとを脅迫して黄金を取りあげたばかりでなく、こびとがたいせつにしていたその指輪まで奪い取ったのです。これを恨んだこびとは、その指輪を持つものにはかならず破滅がくるという、恐ろしいのろいをかけたのでした。

黄金はやがて、かわうその皮の上に積み上げられましたが、口ひげが一本だけ、まだ出ていました。それで秘しておいたその指輪まで、出さなければなりませんでした。のろいの指輪は、こうしてフレイドマルの手に移ったのでした。

竜の返り血で不死身になるシーグルト

指輪はどんどん黄金を生みます。フレイドマルは山のような黄金をひとりじめにして喜んでいました。しかし、やがてのろいの日がきて、黄金をねらうむすこたちに殺されてしまいました。

ふたりのむすこファフニルとレギンとは、また黄金のことで、けんかを始めました。そして、兄のファフニルは父親譲りのかぶとをかぶり、剣をもって弟を脅かして黄金をひとりじめにし、穴に埋めて、その上に竜の姿で、とぐろを巻いてすわりこみ、いつも番をしているのでした。

シーグルトの竜殺し（アーサー・ラッカムによる『ニーベルングの指輪』の挿絵、1911年）

レギンはからだが震えるほど兄を憎みましたが、どうにもできません。そこでデンマークの国に行き、かじ屋になり、戦死した勇士の子シーグルト（ジークフリートの古ドイツ名）を養子にして育てました。シーグルトは、父親シーグムントが、オーディン神からもらった剣のはしを持っていました。父親が戦死したとき折れたものです。

レギンはそれを鉄にまぜて、新しくりっぱな剣グラムをつくり、シーグルトに与えました。そしてかれをけしかけ、竜になっている兄ファフニルを討ちに送り出しました。

賢いシーグルトは道に穴を掘り、そこにひそんで、水を飲みに行った竜の帰りを待ち受けます。そして、グラムで一突きに、竜の心臓を突き刺して、倒しました。

シーグルトは、そのとき全身に浴びた竜の返り血によって、不死身になりました。ならなかったのは、ただ落ちた木の葉がかぶさった背中の一ヵ所だけです。

新生のまえの落日

レギンは兄の殺されたのを知ると、出てきて心臓を取り出し、シーグルトに命じて、火であぶって焼かせました。そして血を飲むと、横になって寝こんでしまいました。

シーグルトが指についた竜の心臓のあぶらをなめると、かたわらの木の枝に止まっていた小鳥の話が聞こえてきました。小鳥たちは、「その心臓を食べればなんでもわかるようになる。レギンは、目をさましたら、シーグルトを殺そうと思っている」と、しゃべっていました。

シーグルトは、レギンがいましも自分を裏切って殺そうとたくらんでいるのを知ると、おこってレギンの首を切り落としました。それから竜が持っていた黄金や宝物をうまに積んで、故郷に帰っていきました。

このシーグルトはその後いよいよ武名を上げ、並ぶもののない勇士として世に仰がれました。しかし竜の宝を奪い取ったおかげで、やがて命を落とすことになるのでした。また、アスガルドの神々も、巨人どもとの戦いに、おおかたはとうとう討ち死にし、ワルハラの城も、ついに焼け落ちる日がきました。

この世界の破滅の訪れののち、暗い冷たい長い年月のあとで、海の中から、また新しい陸が浮かび上がって、また新しい太陽が東から昇ります。そして、その太陽のもとに、ふたたび人類は栄え、神々もまた生まれかわって、世界は新世代を迎えます。

美しい、新しい世界が、新しい光のもとによみがえる日は、約束されていたのです。

V　さるのつくった岩橋

美しい叙情詩集『リグ＝ヴェーダ』

世界でいちばん早く文明の域に到達した地方の一つは、ガンジスとインダスとの両大河にまたがるインドでした。インダス川上流には、いまのインド人ではない、もっと古い種族の集落や都市、文化の進んだその遺跡が、すでに紀元前の三〇〇〇年代に見られます。

しかしかれらの書いたものは残ってないので、どんな伝説や神話・文学をもっていたかはわかりません。それでわたしたちがインドの神話文学として知っているのは、現在のインド人、その中でも西洋人に近いアーリア族の伝えた、紀元前一〇〇〇年前後からのものです。

もちろん信仰や伝説は、もっとまえからあったはずですが。

インド人は、たくさんの神々をもっていました。それはかなりに、ギリシア人のとも似た神たちです。インドの僧たちがもっていた経典はヴェーダ（知識）といい、その中でもいちばん古い『リグ＝ヴェーダ』は、こうした神話や伝説・信仰についての、素朴な古代人の美しい叙情詩集です。

それによりますと、この世界は、だいたい天と空と地との三つに区分されます。まず初めにあったのは天と地でした。それから、暁の女神ウシャスだの、風の神ヴァーユだのが生まれたといいます。

天地をこめる暗闇をおしあけて

しかし別な伝では、初めはなにも見通せない暗い夜が天地をこめていたらしく、そこから、暁の女神や火の神アグニなどが生まれたといいます。雷の神インドラも、もっとも有力な神のひとりです。死の神ヤマ（日本でいう閻魔《えんま》）も、リグ＝ヴェーダに出てくる三三柱の神たちのうちのひとりです。

また別な伝では、インドラが六つの世界を測ってつくり、巨大なこの世界を家に、大きな材木で築きあげた、というのです。この家は、高い柱の上に載っていますが、梁《うつばり》はありません。そしてサヴィトリが大地を固め、インドラが空をすえつけ、ヴィシュヌ神がくぎで柱を大地に打ちとめました。朝の光は、東の門からはいってきました。

また、リグ＝ヴェーダの時代の終わりには、ひとりの創造主プラジャーパティの信仰も生まれてきました。この創造主は、ときには「愛欲」カーマであり、ときには太陽アーディティヤだったりします。その黄金の胎蔵界から、万物は生まれてくるのです。

ヴェーダにはまたときどき、かれらにとって重大な意義をもつ生物や、いろんな霊的な存在が歌われています。それは、大気の深い奥底に住む巨大な竜、あるいは、大地を象徴し神聖な恵みの与え手であり、けっして殺してはならない牝牛、人類に仇をする夜叉《やしゃ》ラクシャたち、あるいは流れに住むニンフのアプサラスなどです。

正義の戦いを説く深遠な教義

古代インドの生んだ神話伝説文学では、『マハーバーラタ』と『ラーマーヤナ』との二大叙事詩編が卓出しています。この二つはギリシアのホメロスの両詩編にも比較されるものですが、それよりずっと長く、また口伝えに伝えられた時代もまたそれより長いので、内容も複雑多岐、形もいろいろ変化しています。

『マハーバーラタ』のおもな話は、紀元前一〇世紀ごろにさかのぼり、それが前五世紀ごろだいたい形を整えてから、紀元近くまで、枝から枝へと挿話をつけ加えられ、生長したものと考えられます。話の骨組みは、インドの中原にバラタ国を建てた王族、クルの子孫と、その分系のパンドゥの子たちとの争覇《そうは》戦《せん》を述べたものですが、長いあいだに宗教的、倫理的な

アルジュナとクリシュナ（18–19世紀の写本、フリーア美術館、ワシントンD. C.）

いろどりがひじょうに濃くなり、もとの話は全体二〇万行余の五分の一ぐらいを占めるにすぎません。

なかでも有名なのは、ヴィシュヌ神の化身とされるクリシュナ王子の挿話で、かれはパンドゥの第三子アルジュナの馭者《ぎょしゃ》として、その戦車に同乗して戦場へ出かけます。そして、いとこたちと戦うのをためらうアルジュナ王子を激励して、正義の戦いへとかりたてるのですが、その説くところは深遠なブラーハマ（梵《ぼん》）の教義で、現代にいたるまでインド教の聖典とみなされ、重要視されています。『バガバド＝ギーター』（聖バガボン歌）というのが、すなわちこれです。

パンドゥの子たちはついに敵軍を撃滅しますが、自分たちも、アルジュナ以外はみな傷つき倒れます。そして天国の門には、愛犬を連れた長兄の王以外、到達できないのでした。

いまも名をとどめる「ラーマの橋」

『ラーマーヤナ』は五万行ほどで、前者の約四分の一です。そのおもな筋は、コーサラ国の王に三人の妃があって、ラーマ・バラタなど四人の王子を、それぞれちがう妃の腹にもっていました。バラタの母である妃の要求で、ラーマは一二年間の追放に処せられます。

森の中へ隠れ住んだラーマ王子は、一〇年間をぶじに過ごしましたが、そのときセイロン島に住む夜叉（ラクシャという魔物）の王が、ラーマの妃シーターを誘拐し去ります。

それを知ってラーマは、すぐ取りもどしの旅に出かけ、いろいろなできごとのすえ、さる類の王ハヌマトとスグリーヴァの協力を得て、セイロン島へ侵入します。そのとき、通路としてハヌマトが海中に投げ入れた岩は、いまでも「ラーマの橋」と呼ばれています。

ラーマはついにシーターを取りもどして帰ります。かれもしまいに、ヴィシュヌ神の化身とみなされました。

第4章　世界のはじめ——ギリシア神話（1）

ゼウス像

I　世界のはじめ（天地開闢）

なぜギリシア神話はたいせつか

これからの数章では、主としてギリシアの神話伝説をとり扱っていこうと思います。特にギリシア神話に、このように多くのページをさくことにしましたのは、ギリシアの神話が、世界じゅうの神話伝説の中でも、とりわけて内容が豊富であり、多種多様で、話の種類も数もとび抜けて多いばかりではありません。ギリシアからローマへ、続いて中世ヨーロッパから近代へと受け継がれてきた西洋文化というものの基盤の一つとして、このギリシア神話が、単に文学や芸術ばかりでなく、その日常生活のいろんな面、また形而上的な、哲学とか倫理とか、そういった面にまで、広く深く、浸透しているからでもあります。

しかも、ギリシア神話がこのように西洋思潮の根底にまで深い影響を与えているのは、単にギリシアが西洋文化のはじめだ、というためばかりではないのです。じっさいにこのギリシア神話の中には、奥深い、古今の人生に通じる、また人間の心の奥の秘密にまでも達するような深さ、あるいは鋭さといったものが認められるからです。

それらは、単に美しい、優しい物語ばかりではなく、ときには恐ろしい、あるいは暗い、人類の負っている運命とか業《ごう》とかともいうべきものを、しばしば露呈させます。それがギリシア神話の力の、第一に数えられるべきものでもありましょうし、その生産性も、あるいはそこに起因するといわれましょう。

高い文化の中へ北から侵入

ギリシア民族（あるいは、その主軸を形づくるにいたった種族）が、北のほうからいまのギリシア半島に侵入したのは、だいたい紀元前二〇〇〇年か、そのすこしあとぐらいの時期と推定されています。もちろんかれらは、一どきに侵入してきたのではなく、段階的に、幾度にも、いくつかの群れにも分かれて移住してきたと思われます。

それも、かならずしも全体が同じことばを話し、同じ種族に属するものばかりだった、とはかぎりません。これは歴史上、たびたびの民族移動のさいに、等しく認められることです。

ともかく、北方からはいってきたギリシア民族は、ある程度の文化はもっていたものの、まだけっして、文化的な、文明人と呼ばれるものにはほど遠かったにちがいありません。かれらはだいたい遊牧民族で、うしやぶたや、おそらくはうまも持っていたようです。住居のまん中には、大きな火をたく場所、炉がありました。いくつもの部族に分かれ、その支配は、年功のある長老《おとな》たちの会議にゆだねられていました。

一方、かれらが侵入したギリシア半島には、もうずっと古くから別な種族が住みつき、しかも相当に程度の高い文化をもっていたのです。それはギリシア本土からエーゲ海を隔てて南方にあるクレタ（ギリシア名クレーテ）島に栄えていた、いわゆるミノア文化の影響でもありました。

ミノア文化からミュケーナイ文化へ

ミノア文化というのは、このクレーテの神話的な王の名ミーノース（宗教上の首長と考えられます）から出た名称ですが、もうすこし範囲を広げて、クレーテを中心とするエーゲ海文化とも呼ばれます。このクレーテには、すでに紀元前三〇〇〇年近くから、かなり高い、芸術的ともいわれる文化が栄え、主としてその影響で、ギリシア本土の各地にも、ほぼ同系の文化が広まっていたわけです。

紀元前一〇〇〇年代にギリシア本土にはいってきたのちのギリシア人は、ホメロスの叙事詩でアカイオイと総称されているもののようです。ホメロスの詩の背景をなす時代は、だいたい紀元前一一、二世紀のギリシアのようですが、その中心に立っていたのは、ペロポンネソス半島東岸に近い、ミュケーナイの王たちでした。

これがいわゆるミュケーナイ文化の中心点で、ミノア文化を受け、かなりの発展ないしは変化を示したものと推定されますが、これにもギリシア人以前の、いわば先住民の要素が、相当強く加わっている、と考えられます。

　この先住民族は、ふつうペラスゴイとか、レレゲスとか呼ばれ、ともかくギリシア人の侵入後も、それに征服されてなり、和合してなり、いろんな程度に残存して、当初のギリシア人とはかなりに異なる、新しい混血のギリシア民族をつくりあげたにちがいありません。そうした証拠は、言語学的にも、考古学的にも、また神話や伝説の上にもじゅうぶんに認められます。

古典ギリシア神話の基礎

たとえば古代ギリシアの、栄えた時代に使われていた、いろんな道具の名まえ、食物や衣類などには、本来のギリシア語ではない、いかにも借り物と思われるものがいくつもあります。日本語にたとえてみれば、ビールとかスポーツとか、タクシーなどというようなぐあいにです。

　つまり新来のギリシア人は、かれらより高度な文明をもっていた先住民族から、いろんなものを受け継ぎ、それとともに、その宗教や神話伝説までもある程度引き継ぎましたが、これがまた有史前のミュケーナイ時代（前一五―前一二世紀）から、古典ギリシア（前五―前四世紀）にまで及んできたものでした。

　この間、いわば中だるみの、前一〇―前七世紀ぐらいのころ、このころを代表する文学が、あのホメロスの作として伝えられる『イーリアス』と『オデュッセイア』の二大叙事詩

カール・フリードリッヒ・シンケル《ウラノスと踊る星々》(1831年、ベルリン国立版画素描館)

編、それから神話を特に扱ったヘシオドスの『神統賦』(テオゴニア)であって、古典ギリシア神話の基礎は、この二詩人によって固められた、といっていいものです。

その神話が語る天と地と神々の誕生

ではその内容はどんなものか、ということになりますが、ギリシア神話も、他のおおかたの国々の神話と同じように、まず天地開闢《かいびゃく》に始まります。

先に述べたヘシオドスによりますと、この宇宙にはまず最初に「カオス」があった、となっています。「カオス」というのは、ふつう混沌《こんとん》と訳されますが、だいたいはなにも見分けのつかない、霧のたちこめたような有無の境で、天地万物の胚《はい》を内にこもらせた、無差別の天地ともいえましょう。

続いて万物の基である大地が生まれ、その底の、奥深いところに、タルタロス(地底の、地獄のようなもの）と、手足をぐったりとさせ、賢い人や神々の知恵をさえ打ち負かす「愛欲《エロス》」が生まれた、といいます。またカオスからは暗やみと夜とが、夜からは明るい高い空と昼の光が生まれました。

一方、大地は、星をちりばめた天（ウラノス）を、引き続いて、山や丘や海や、おおぜいの原始神ティタンたちを生み出しました。神々と人間との世界はここに始まったのです。

II　神々の誕生

天にさからい地上を支配した神

この原始神ティタンの中には、大洋の神オーケアノスや、太陽や月たちの親とされるヒュペリオン、「記憶」の女神ムネーモシュネー、はるかなむかしから伝わる、おきて定めの女神テミスなどが数えられます。

このうち、オーケアノスは、いまでは「大洋《オーシャン》」と見られていますが、むかしのギリシア人の想像では、世界の端をとり巻く大きな川のようなものと思われていました。そして太陽は東の果てから昇り、西の海に沈んで、それから黄金の大杯を船として、この「大洋」の流れに乗ってぐるりと世界を一巡りし、また東から昇るわけでした。

むかしからのいい伝えを守る「記憶」や、古くから定まっている「おきて」の女神が、テイタンのひとりであることは、すぐに理解されることでしょう。

ところで、このティタン神の最後に生まれたのが、「狡智《こうち》にたけた」と呼ばれるクロノスという男神でした。大地にはそのほかにも、あらあらしい自然の暴力を表わすキュクロプスとか、大波の破壊力を表わすといわれる「一〇〇の腕と五〇の首をもつ巨人」ヘカトンケイルと呼ばれる子どもが三人ずつありました。

ところが、天ウラノスはかれらの醜さとらんぼうとをきらって、地の底へ押しこめてしまいました。そこで母である大地は、これを恨みに思い、ティタンたちをそそのかして、父親にそむかせました。ずる賢いクロノスはその先頭に立ち、天と地とをさいて、この世界を統治する権力を、自分の手に収めたのでした。

美と愛の乙女神ヴィーナス

このときクロノスが使った武器は、地中から掘り出した火打石（石英）でつくった大鎌《おおかま》で、かれは寝ていた父親の陽物をそれで切り取りました。それは波のさかまく海中に落ち、長いあいだ漂ううち、その周囲におのずと水のあわが寄ったのでしたが、そのうちに、この不死の肉片から一柱の乙女の神が生まれ出ました。

これが美と愛との女神として、世にその名の隠れもないアフロディテ（ローマのウェヌス、ヴィーナス）でした。彼女は、生まれ出た近くの島、キプロス島の名を負って、よくキ

ジョルジョ・ヴァザーリ《クロノスに去勢されるウラノス》（1560年、ヴェッキオ宮殿、フィレンツェ）

プロスの女神とも呼ばれます。もっとも、ホメロスでは、アフロディテは大神ゼウスと女神ディオーネーとの娘とされ、系譜がちがっていますが。

夜の女神はまた、宿命とか死とか、眠り・夢・嘆き・無知など、いろんな暗さに属する神々を生み出しました。運命の三女神や復讐の女神ネメシス（不正への憤りで悪人に報復を与える女神）、老年・闘争の女神なども、夜の女神の子たちでした。

他のティタンたちも、それぞれ多くの子孫をもっていました。たとえばオーケアノスには、すべての川や泉の神たち、ヒュペリオンには、太陽や月や、暁の女神エーオースなど。また暁の女神の子には、四つの風の神たち、暁と宵との明星をはじめ、空にある星々です。

そのほか、ものごとを予知する力をもった巨人神プロメーテウスや、その弟エピメーテウスなどの父イアペトスも、ウラノスのむすこでした。

大神ゼウスとそのきょうだい

しかし、いちばん偉い一級神は、クロノスとその妃レイアとのあいだに生まれた子神たちでした。はじめクロノスは、子が生まれるたびに、つぎつぎと飲みこんでしまいました。というのは、クロノスがかつて父ウラノスにそむいてかれを押しこめたとき、その無情さを恨んだウラノスは、むすこクロノスをのろって、「おまえもいつかは、むすこに裏切られるめにきっとあうだろう」と脅かしたからです。

しかしとうとう、六人めの子としてゼウス神が生まれたとき、母のレイアは、手ごろな石をむつきにくるんで、それを赤子だといって、クロノスに渡します。クロノスは、それを一息に飲みこみました。レイアは、赤子のゼウスをそっとクレーテ島へ送り、山のニンフたちに育てさせました。クレーテのイーダの山のふところには、そこでゼウスが育ったという洞穴がありました。ゼウスを育てたのは、アマルテイアという牝やぎだともいわれます。

やがてゼウスは成人すると、祖母である大地の女神の深い計略によって父親クロノスをだまし、吐き薬を飲ませて、その腹にはいっていた兄神たちを吐き出させました。クロノスが、いちばん先に吐き出したのは、ゼウスの代わりに飲みこんだ大きな石です。この石は、のちの時代も、デルポイにあるアポロンの社のわきに置いてあったそうです。

それから、海の大神ポセイドンと、冥界の主神プルートン、さらに、最高の女神ヘーラ、穀物の司デーメーテル、神聖な火の司ヘスティア、の三女神が吐き出されました。

テ宮殿「巨人の間」に描かれたジュリオ・ロマーノによる壁画（1532年、マントヴァ）

ゼウスの統治にそむく怪物たち

ゼウスら六人のきょうだいは力を合わせ、そのうえ、地底に押しこめられていたキュクロプスや、一〇〇の腕をもつ巨人たちを連れ出してきて味方につけ、クロノスの一味とはなばなしい戦いを開始しました。運命があらかじめ予言したように、戦いはほどなく、ゼウスがたの勝ちに終わりました。そして、クロノスとその味方のティタンたちは、捕えられて地の底のタルタロスに押しこめられました。

こうしてゼウス大神の統治は、始められたのでした。

ところが、はじめというのは、とかく故障の起こりやすいものです。ゼウスの統治も、まもなく最初の試練を受けることになります。神々の母である大地ガイアは、いまでもまだ生産をやめません。かえって、子孫の中でもゼウスたちだけが威権をふるうのに心安からずに異形の怪物を生み出し、かれらを脅かそうとするのでした（これはメソポタミアの原始地母神ティアマトとよく似ています）。

この怪物たちは、異形であるばかりでなく、ひじょうに巨大なものどもで、みなひっくるめて、ギガンテスと呼ばれました。それは英語になると、ジャイアンツ。この「巨人」の名は、かれらに始まるのです。この怪物どもは、大地から生まれたものですから、「地生族《ゲーゲネス》」とも呼ばれています。みな巨大なからだに恐ろしい顔かたちをし、髪やひげを長く伸ばして、ものすごい怪力です。何千年もたったようなかしの大木にも似た太い足は、大蛇のように青いうろこにおおわれていました。

こうした巨人たちが二〇人以上もいて寄り集まり、ゼウスたちオリュンポスの神々に反旗をひるがえしました。深山の巨木を引き抜いてたいまつとし、それに火をつけて天を焼き払おうとします。また、山のような岩をつかんで投げつけます。

暴力と破壊に勝つ理知と秩序

ゼウス以下の神々も、総勢を糾合して、これに対抗します。なかには、かの英雄ヘラクレスも加わっています。銀弓を持つアポロンや、女怪ゴルゴンの首をつけた楯を持つ女神アテーナの姿も見え、両軍は、広いプレグラの野原で決戦したといわれます。

そのときから、この野原は、そのおりの火勢の激しさにすっかり焼け、不毛になり果てたのだ、ということです。

さすがの巨人連も、結局は豪傑ヘラクレスの弓勢やゼウスの雷に打たれて、壊滅するほかありませんでした。単なる暴力とも、あるいは自然の破壊力の象徴とも思われるかれらは、秩序と理性との権化であるオリュンポスの神々のまえに、破れ去る運命にあります。

その後も、暴風か火山力かの象徴ともされる怪物テューポン（台風の西洋名）だとか、あるいは子どものうちから山のような巨大さで、海を埋めて陸にしようとしたといわれるオートスとエピアルテスの双生児きょうだいなども生まれ、ゼウスらにそむきましたが、いずれもついには圧伏され、ゼウスの統治は、ひとまずゆるぎないもの、と認められるにいたりました。

Ⅲ　人類のはじめ

三とおりないし四とおりの考え方

すべてのものには、はじめがあり、そして終わりがある——これが一般の人間の考え方といわれます。もちろん、動物のように、現在だけを楽しむなり、苦しむなりして、そこにだけしか生活をもてないものもいます。そこには歴史がありません。少なくも、自覚された歴史はないといえます。

原始的な民族もまたこれに近いものですが、それでも多少なりと伝説や伝習をもち、制度、つまり文化があり、他の動物の社会とはだいぶちがいます。文化というのも、一つの歴史的な概念ですから、まったく歴史をもたない文化というものはありえません。もしあったら、それは動物のばあいのように、本能というものの中に含ませられましょう。

文字はなくてもことばをもち、いい伝えをもつ種族は、歴史を、少なくも原始的な状態でなりと、もつものといえましょう。そしてほとんどの民族は、人類のはじまりについて、またしばしば世界の終わりについての説話を伝えています。後者をもつのは、一般的に見て、宗教的な、または哲学的な、いわば文化的に進んだ民族といえますが。

ところで、ギリシア人の考えていた人類のはじめ、というと、かならずしも一とおりにかぎられていません。おもな見方は、まず三とおりないしは四とおりといえます。

大地から、あるいは土や石から

その第一は、人間は大地から自然に生まれ出たものだ、という考え方です。これは先に述べた地生族《ゲーゲネス》（巨人）の想像とも相通じる考えですが、いうならば、大地の力がだんだん衰え、巨人もしだいに小さくなったのかもしれません。あるいは、あとからの移住者に対して、先住民が、土着の者、大地の子と自称するばあいも多いことで、自分の先祖を山や川や、湖などの子とするばあいも、ギリシアにはよく見られました。

第二は、神々がつくったというもので、これも世界じゅうに多い例です。つぎの節で述べるいろいろな人間の世代という考えも、これに属しますし、ユダヤ人やインド人の考えなども、これに属しましょう。しかし一般に、支配階級は神々の子孫にしても、農民その他の庶民については、その祖先がはっきりしないばあいもあるようです。

第三には、まえにもちょっと出てきましたが、ティタンのひとりで、知恵のすぐれた巨人神プロメーテウスが、粘土をこねてつくった、という、多少特殊な、一地方の伝説があります。そのため、中部ギリシア、ボイオティア州のいなか町パノペウスには、このプロメーテウスが、それを用いて人間をはじめてつくったという、膚色の粘土ふうな石のかたまりが、近くの谷にごろごろしていたということです。

おそらくへな土《つち》の類でしょうが、その色やにおいが、いかにも人間くさいというのです。また『イソップ物語』（紀元前の六―三世紀ごろにギリシアでできた寓話《ぐうわ》集）にも、プロメーテウスとかゼウス神とかが人間をはじめてつくった、と述べられています。

もう一つ、まえに洪水説話のところでお話しした、石が人間の男女に変わったいきさつも、一つの人間創造説話といえましょう。

人間はもうそこにあった

しかし全体的に見て、ギリシア民族は、特別な「偉い」人たちを除けば、どうやら自然に、もうはえ出ていたらしく考えられます。そしてこれが神さまの被造物にしても、ごくあっさりと、「だれだれが人間をつくったとき」と、かたづけられています。

つまりこの問題は、現実主義者であるギリシア人にとっては、そう重大なことと考えられていなかったようです。むしろかれらには、すでにもうそこにあった、それで、たぶんこうであったろうと考えた、という順序になるのでした。

IV　黄金の時代

「むかしはよかった」という思想

世間には、むかしのほうがずっとよかった、世の中はだんだん悪くなるものだ、と考える人たちと、世の中はだんだんよくなる、いまにきっと理想的な、りっぱな社会がつくられよう、と考える人たちとがあります。

むかしはよかったと考えるのは、だいたい、ひどい苦労をなめ、いまも苦しいめにあっている人、だんだん落ちぶれてきた人に多く、だんだんよくなるという考え方は、まだ元気のいい、いつも理想に目を輝かせている青年、またはたえず精進してなにかを求めているような人に見られます。

ことに現実に世間の情ないありさま、悪い連中がのさばるのに憤慨しながらも、どうしようもないと思う人たちは、まえの考えにおちいりやすいでしょう。

ギリシアのむかしでも、これは同じことでした。ほんとうに法律が正しく守られ、市民たちが満足して働けるような社会は、あってもごくたまにしか見られません。乱れた、腐敗した社会、正義と力との結びつき（これは前六世紀はじめの政治家で、ギリシア七賢人のひとりとされるソロンが、その実現に努力を重ねたものでしたが）のない社会、あるいは時勢のほうがよく目につきます。

叙事詩人ヘシオドスもまた

前八世紀のたぶん末ごろ、中部ギリシアのボイオティアに生まれ、ときにはホメロスと並び称せられる叙事詩人ヘシオドスの思想も、この前者、世の中はだんだん悪くなってきた、というのでした。

主作とされる『仕事と日々』という八百余行の詩の中で、かれはまず権力者が不正を行ない、賄賂《わいろ》を取ってゆがんだ裁断をくだすのを慨嘆したのち、人間の世というのは、大むかしから、だんだん悪くなったものだ、ということを歌っています。それによると——ゼウス大神は、いちばんはじめに、人間の黄金の種族をこの地上にお送りになった。この時代は、気候はいつも春のようで、食べ物は地上に満ちあふれ、人は耕し汗を流さなくても、思うままに暮らすことができた。そして幸福な一生を送るが、それでも不死の神ならぬ人間だから死ぬときがくると、かれらはしぜんと影が薄れ、形がなくなり、精霊になって地上をさまよう。

こうしてとうとうみな死に絶え、黄金の種族の時代が終わると、つぎには白銀の種族がつくられた。しかしこれは、まえの種族よりだいぶ悪く性質も劣る。――というのです。

殺し合いの時代を過ぎて

この白銀の時代もついに終わりとなると、そのつぎに神々がつくったのは、青銅の種族でした。これは気風があらあらしく、殺伐なものどもで、たがいに争い合い殺し合って、みな死に絶えてしまいました。

このつぎにヘシオドスが「英雄の時代」というのを置いているのは、少々変ではありますが、おそらくこれは現実の、史実による記憶が、そのあいだに交錯して働いたため、と考えられます。

有史時代のまえ、またははじめに、青銅の器具を用いた時期があったのは、だれしも知っていることでしょう。ギリシアでも紀元前一二世紀ごろまではこの時期に属し、それから鉄が使われ出したのでした。一方、伝説では、おおぜいの英雄たちの盛んに活躍した時期が、すぐと間近な昔のことに歌われています。そこで青銅時代から英雄の時代、それから鉄の時代となったものと推定されます。

ともかくこの英雄たちは、たけも高く、力もすぐれ、姿かたちも美しいものどもでしたが、ただ気性が荒く、争いにふけりがちで、そのためトロイアとテーバイと、この二度の大戦役のため、あらかた殺され、または傷つき、やがてこの時代も過ぎていくのでした。もちろん、その下には兵卒や、市民や農民がいたはずですが、それらは考えにはいっていません。

ヘシオドスの疑問

つぎにきたのが鉄の時代です。ここでは人の心はすさみ果て、たがいに傷つけ合い、だまし合い、不正と非道とのはびこる世の中となりました。人は汗を流してせまい土地を耕し、それでやっと生命をつなぐのでした。

父子もきょうだいも、信じ合うことはできません。友は友をあざむき裏切り、きょうだいはののしり合い、子は親の養育の恩義を忘れ、その年老いたのをあざけり笑います。そして、すべて力が正義なのでした。この正義は、先に触れたソロンの考えとはまったく別で、暴力が正しいとされる、暴力によって、不正なことやむりなことも押しとおされる、というわけです。

この鉄の時代が、はたしていつまで続くことができるか、というのがヘシオドスの疑問でした。

しかし現代はそろそろ鉄の時代から、原子力の時代に、移行していくときのようです。そしてこれが人類になにをもたらすか、聖書黙示録のいうように、世界の終わりと最後の審判の日がくるか、それはわかりません。それはかなりに、人類そのものの心がけしだいともいえるもののようです。運命と自由との弁別は、一つの楯の裏と表のように思われますが。

第5章　オリュンポスの神々――ギリシア神話（2）

ラファエロ《神々の評議会》

I　オリンピックの由来

オリュンポス山上の神々

　全宇宙の支配者たる地位から、父クロノスを追放したゼウスと、その兄たちポセイドン、プルートン（ハーデス）との三人は、クロノスの一味である自然神ティタンどもを、冥界の奥底にある無間《むげん》地獄《じごく》タルタロスに押しこめたのち、くじびきで世界の主権を分けることにしました。そしてその結果、ゼウスは天界を、ポセイドンは海とあらゆる河川とを、プルートンは地下の冥界を支配することになった。――と叙事詩人ヘシオドスの『神統賦』は述べています。

　しかし、これはもちろん一種の既成事実にすぎません。またいちばんたいせつな、この地上の世界の支配権がいささかあいまいですが、これもおのずからゼウスの主権下にはいったと考えられます。ヘシオドスの詩の中にも、人間には姿の見えない、三〇〇〇の精霊をつかわし、人間界の正義を守らせるのは、ゼウスの仕事となっています。

　ゼウスの一統は、その後も巨人たちや暴風颶風《ぐふう》の精（または火山力）であるテューポン（タイフォン、台風はこれから転化したことば、病名チフスも縁語）などを討ち平らげ、いよいよその支配権を固めていきました。そしてギリシアの北境にある高山（富士山よりちょっと低く三〇〇〇メートル足らず）オリュンポスの山頂に青銅の敷居をもつ黄金の宮殿を築き、そこに諸神を会して議を定め、酒宴を催し、「つねにま幸《さき》く、とこわに居ます」と呼ばれる不死の神々の本拠としました。オリュンポスの神々と呼ばれるわけです。

ギリシア民族の成立史を物語る一二神

ところで、ばくぜんとオリュンポスの神々と呼ぶとき、それは、天上天下の支配権を握るゼウスの一統をさすものではありますが、その中心はいわゆるオリュンポスの一二神です。

これはもっぱら、ゼウス神のきょうだいと、ゼウスの娘・むすこたちから成っている、いわば一等神で、なかんずく勢威も強く霊験もいちじるしい神々ばかりです。

詳しく名をあげれば、ゼウスの姉で、同時に妻であるヘーラ女神、同じくきょうだいのデーメーテル、娘とされるアテーナ・アルテミス・アフロディテの三女神、むすこのアポロン・ヘルメス・アレス・ヘーパイストス、それにゼウスとポセイドンとの一一神に、もとはゼウスの娘で、家の火どころの守護神なるヘスティア、のちにはたいてい、むすこであるディオニュソスを加えて、一二神とします。冥神プルートンは地下にいるので加えられません。（155ページ図参照）

ところで、この神々の名を見ると、そのたいがいがギリシア語根では説明されない、異国的な名称です。つまりこれらの神々の多くは、だいたい原住民族の信仰か、もしくは外来、少なくも渡来した部族の神と見られるもので、他面からすると、これはギリシア民族の成立史を物語るともされます。

ゼウスをあがめるオリュンピア大祭

その中にあって、主権を握り、「神々と人間との御父」と呼ばれるゼウスは、生粋のインド・ヨーロッパ語族の、空の神、白昼の光の神で、ローマ人のユーピテルと同じものです。したがって、かれの支配はまず天空を根拠とし、雷電はそのもっとも主要な武器であり、雲を寄せ風をやり、雨をもたらし、電光を放つ神とされますが、さらに社会の進展につれ、正義を守り、綱紀を維持し、誓約を保って背信を罰するほか、救いを求める人々に助けを送り、主客の義を守らせ、団体権を支持するなど、きわめてひろい権能をもっています。ことに迫害を受ける弱者を庇護し、権力の横暴や暴力を排除するなどは、現代の警察にもしばしばまさっていると考えられます。

このように広大な威権をもつゼウスは、さすがにギリシアじゅうの各地で崇拝されましたが、なかでも名高いのはペロポンネソス半島の西部、アルペイオス河畔、いにしえのピーサの地にあるオリュンポスのゼウスの神域で、四年ごとに催されるオリュンピアの大祭は、後世のオリンピック競技の源をなすものでした。

種目もほとんどギリシアの武技から

その由来はきわめて古く、おそらくギリシア民族の移住まえにもさかのぼる、と考えられますが、競技としては伝説的に、紀元前七七六年が第一回とされ、いわゆるオリュンピア暦年の基礎になっています。したがって運動競技やその種目や用語にはギリシア伝来のものがきわめて多く、やり投げ・円盤投げ・五種競技・一〇種競技などもみな、むかしのギリシア人の武技に由来しています。アスリート・ディスク・スタディアムなどみなギリシア語、レスリングのいわゆるグレコ＝ローマン型も古来の技法のなごりとされます。

ギリシア文化の中心地アテナイの都にも、かつては広壮なオリュンポスのゼウスの社、オリュンピエオンがあり、いまもその巨大な石柱が数本、天空をさして立っていますが、そのかたわらにるいるいとして積み重なってころがる巨石は、どれほどそれがりっぱな社だったろうか、と想像させます。

聖火リレーが描かれた水差し
（紀元前4世紀、ルーヴル美術館、パリ）

II　銀の弓と竪琴との神——アポロン

ギリシア人の理想的青年像

このような運動競技によって、へいぜいからみがき上げられた、美しい整った身体、またこれによって鍛練され、公正と忍耐と節度とを教えこまれた精神、つまり心身両面にわたる、このギリシア人の青年への理想をそのままに具現するのは、オリュンポスにある神々のうちでも、ただひとりアポロンの役割でした。

ギリシア文化の栄えた、その「黄金時代」には、いくつものアポロンは、理想的に発達し、完全な肉体美を備えた青年の姿で表わされました。アポロンの彫刻は、青年美の理想像をいまの世まで伝えています。その材質は青銅、純白なパロスの大理石、やや肉色を帯びた石灰岩質などです。

なかには、ふつうの人間の青年を写したものか、真の神像か、はっきりしないのもあります。青年の彫像《クーロス》が、みなアポロンのようにみなされる傾きもないではありません。というのは、ふつうの人間の像を、その古い時代に、石に刻むことはまだ行なわれなかったから、とも説明されていますが。

ギリシアの町々でつくった貨幣にも、美しいアポロンという青年の頭部を、その面に示しているのがたくさんあります。こんな小さな浮き彫りにも、じつにりっぱなのがいくつも見られます。ギリシア人は、美の肉体的な表現には、ことに敏感だったのです。

弓に宿る一種のやましさ

このようなアポロンの神像の姿、つまりむかしのギリシア人が、ふつうに想像していたそのようすというのは、よく調和のとれた四肢の、足にはよくサンダルをまといつけ、手には弓を持つものでした。弓の代わりに竪琴を持つばあいも、しばしばあります。詩聖ホメロス

アポロン像（バチカン美術館）

の叙事詩、つまり『イーリアス』などに、アポロンのことを「遠矢を射る御神」とか「銀弓の御神」とか呼び習わしているためでしょう。紀元前六～五世紀の詩人ピンダロスは、「黄金の竪琴の御神」とかれを呼んでいます。

弓を射ることは、ギリシア人の武芸のうちでも、古くから知られた技術の一つでした。『イーリアス』にもよくその話、弓のじょうずな人の物語が出てきます。ただ、それはやり投げとか、剣を扱うような表芸ではなく、多少うしろめたいずるい手段、飛び道具といった見方が、しばしばうかがわれます。もちろん、アポロンには、そうしたあなどりはかけられませんが、その代わりに、人間の不意を襲う恐ろしい急性の病気や流行病などは、もっぱらこの神の見えない矢の働きだ、と考えられていました。

たとえばニオベーの一二人のむすこや娘が、急にばたばたと引き続いて死んでしまったのは、このアポロンと、そのきょうだいのアルテミス女神とが、遠くから射て殺したものだ、というふうにです。これはつぎのような名高い話です。

それを象徴するニオベーの子ら

そもそもアポロンはゼウス大神のむすことなっていますが、その母は大神の正妃ヘーラではなく、ティタンの族に属するレートー女神でした。レートーには、アポロンとアルテミスと、ふたりの子しかありませんでした。ところが、ゼウス大神から特別ないつくしみを受けていた、タンタロスという王の娘のニオベーには、六人ずつの娘とむすこがありました。彼女はふつう、ギリシア中部に栄えた都オルコメノスの支配者アンピーオンの妻とされます。このニオベーが、自分の子どもの数を誇って、レートー女神にはふたりしか子がいないことをあざけったうえ、子どもたちの自慢から、レートーを侮辱したというわけです。そこでレートーのむすこのアポロンが、その報復に、アルテミスと力を合わせ、ニオベーの一二人の子どもを、つぎつぎと悪疫の矢で射止めてしまったのだ、という話です。

ヨハン・ケーニヒ《ニオベーの子どもたちの死》(17世紀、個人蔵)

アポロンに由来する木や草花

アポロン神は、そのほかにも予言・音楽・芸能・学問・医療などそれぞれの神とみなされています。中部ギリシアにある有名な聖地デルポイ（ローマから現代まではデルフィ）には、当時全ギリシアの尊崇を受けたアポロンの社殿があって、そこで巫女《みこ》たちが出すご神託は、憲法のように重んじられました。神は、国家間の争いごとから、私人の身の上相談まで、引き受けていたのです。その繁忙と賽銭《さいせん》の上がり高とは、察するにあまりがあります。デルポイの社殿へ向かう道々には、ギリシアじゅうの町から献上した宝物の倉が並んでいました。

こんなに人気のある神ですから、アポロンについては、たくさんの伝説が残されています。なかでも目につくのは、植物の起源、その名のいわれなどに関するもので、その多くはこの神が愛した少年や少女の物語となっています。

たとえばアポロンの愛情を退け、その手をのがれようとして月桂樹になった美しいニンフ、ダフネーの話、または、アポロンのよい遊び相手で、運動競技中かれが投げた円盤に当たって死んだ少年ヒュアキントス、あるいは愛育していた子じかを誤って射殺し、その悲嘆から糸杉の木に変わったキュパリッソスなどが、そのよい例です。そしてその名は、それぞれの木や草花のギリシア名になっているのです。

ギリシア人がいだいた高い精神の象徴

倒れて死んだヒュアキントスの血潮からは、ヒヤシンス（英語読み）の花がもえ出ました。月桂樹はダフネーと呼ばれますが、その枝はやがてアポロンの額をとり巻く冠につくられ、いわゆる月桂冠として、アポロンの大祭の競技優勝者の額を、飾ることになりました。またサイプレス（糸杉）のゆううつな樹相は、いまでもよく南欧の墓のほとりや庭園に、暗い静かな影を投げています。

それらはみな、アポロンが植物の生育やその枯死に、深い縁故をもつ神だった、その発生史の一面を示すものでした。

しかし、そうした原始的な形態からアポロンを引き離して、青春と光明との象徴にしたて、ひいては、若々しい人類の創造力や、ものごとを想像し、構想し、推理し、予知する、そうした高い精神の力の神的な表現にまで高めたところに、ギリシア人の、まさしく宗教的、神話的な才能が認められるのです。ですから、学芸のつかさであり、予言の神でもあるアポロンは、ギリシアの神々の中でも、いちばんに勢力のある神だったわけです。そしてま

ピエロ・デル・ポッライオーロ《アポロンとダフネー》(1470–80年、ナショナル・ギャラリー、ロンドン)

た、現代にいたるまで、理知と光明と青春の象徴として、広い信者層をもっているのです。

III　処女神宮のいわれ――アテーナとポセイドン

月明のもとの美しいパルテノン神殿

古い伝説の時代から、ギリシア文化の栄えた数世紀を通じ、またローマの時代までも、ポピュラーだった神々は、ゼウス（ローマではユピテル、英語のジュピター）やアポロン（ローマ以下アポロ）のほかに、アテーナ（ローマではミネルヴァ）女神や海の主神のポセイドン（ローマでネプトゥーヌス、英語はネプチュン、海王星に用いられる）などは広く知られていましょう。

アテーナ女神もゼウスの娘神とされ、とりわけギリシア文化の中心として栄えたアテナイ市の守護神として大きな権威をもっていました。アテナイ市の南東にあるアクロポリス（城山）上の、パルテノン神殿はことに有名です。晴れ渡った夜空に、さえた月の光を浴びて立つ社殿の姿は、まことに神々しいばかりの美しさです。

アテナイ市というこの町の名称じたいが、「アテーナ女神の（町）」という意味であって、その縁故がいかにも古いことを示しています。しかし実のところ、このアテーナという神名は、ギリシア語では解釈できません。つまりアテーナ女神は、ギリシア人がはいってくるまえからあった、この町の守り神だったのです。おそらくそれは、樹木や鳥などに縁の深い、同時にまた城塞や宮殿の守り手でもある神霊だったのでしょう。

市民のまえで守護神を決める競技

古典時代のギリシアでは、アテーナ女神の受け持ちは、主として婦人の技能、手芸のようなものでした。しかし同時に、婦人にかぎらず、すべての技工や技術工芸もそのつかさどるところとされてきました。学芸にも縁が深かったわけで、聡明な、女性的というよりむしろ活発な、能動的な神でした。ホメロスの詩などでは、いっそう武張って戦いの神にも近い性格を与えられ、怪物ゴルゴンをつけた楯を持ち、やりを片手に構えています。パルテノン社殿の本尊であるアテーナの神像は、こういう姿をしていました。

このパルテノンという名は、ギリシア語で「処女の（構え、家、宮）」という意味ですから、この神社はよく「処女神宮」と呼ばれますが、その縁起については、深い神話的な意義をもつ伝説が伝わっています。

パルテノン神殿

それはこの町ができたとき、神々のあいだで、その宗主権、つまりだれがこの町を引き受けるかについて、争いが起こった、というのです。アテナイでは、このアテーナ女神と、もう一方、ゼウスの弟にあたるポセイドン神が当事者でした。エーゲ海に突き出た景勝の地を占め、よい港をもったアテナイは、当然、海上への発展を、その本領としていました。貿易や海運がその生命でもありました。海の主神ポセイドンは、当然みなからあがめられるはずでした。しかしアテーナの賜《たま》わり物《もの》も、けっしておろそかにはできません。そのうえ古くからのなじみです。

そこでいよいよふたりの神は、城山アクロポリスの上で、どちらがアテナイの町にとって役にたつか、その競技を始めることになりました。市民がその判定者でした。

アテーナ女神、アクロポリスに納まる

まずポセイドンが、いかめしい三叉《さんさ》戟《げき》を取って地をたたくと、そこに泉が吹き出し、それと同時に一頭のうまが、高くいななきながら、大地から姿を現わしました。つぎにアテーナ女神が、ゆったりとほほえみながらゴルゴンのついた楯を振ると、たちまち一本のオリーブ樹がはえ、見るまに、枝もたわわな実をつけました。

つまりアテーナの賜わり物は、ギリシア人が、いまも日々の用にするオリーブの実と油だったわけです。アテーナの賜わり物はそれだけでなく、城市の安全と平和、その産業の繁栄

でした。紀元前六世紀ごろから、アテナイは達識の政治家ソロンやペイシストラトスの努力によって、製陶業やぶどうやオリーブの栽培に努め、見るまにギリシアの都市のあいだで、強力な地歩を獲得することができました。これらの技術もみなアテーナのつかさどるところでした。

ルネ＝アントワーヌ・ウアス《アテナイをめぐるアテーナとポセイドンの紛争》（1696年、ヴェルサイユ宮殿、パリ）

こうしてアテーナ女神はアクロポリス（城山）上の、りっぱな列柱をもつ社殿パルテノンに納まり、そこから市民たちを見おろし、かれらに擁護の手を伸べるのでした。

その効験は、前後二回のペルシア戦役のさいに、もっともよく現われました。その戦いが終わって、三〇〇万といわれるペルシア軍が敗れて退いたのち、焼き払われた社殿を再興したのは、アテナイ第一の政治家とされるペリクレスでした。こうして、文化史上にいまも燦然《さんぜん》とした光輝を放つペリクレス時代（前五世紀なかば）は始められたのでした。

Ⅳ　海のあわから生まれた女神――アフロディテ（ヴィーナス）

美青年アドーニスとの恋

いま一般にローマでの呼び名ウェヌスから、ヴィーナスと呼ばれて、美と愛との司神とされるアフロディテは、ふしぎな経歴をもつ女神でした。

まえにお話ししたように、叙事詩人ヘシオドスによると、彼女は天の神ウラノスの、切り取られた陽物が海に落ちて、そのまわりに集まったあわから生まれた、とされています。これは彼女のつかさどる「愛」が、肉体的な、性欲に関するものなのを示しながら、その名まえがギリシア語のあわ（アプロス）と似ているところによると考えられます。彼女は性愛をつかさどる神格なのですが、あるいはその性格も、水のあわのように生じては破れ、またいつか寄り集まり、形をなすことを示すものかもしれません。

ところが『イーリアス』の作者ホメロスは、彼女をオリュンポスの主神ゼウスの娘と呼び、その母をティタンの一族であるディオーネーとしています。彼女はトロイアがたに加勢し、その戦士たちをかばって、そのためギリシアがたの英雄ディオメーデスにやりで刺されます。それで悲鳴をあげて逃げ帰り、母親ディオーネーのひざにすがり、ゼウスに泣きながら訴えます。

ボッティチェリ《ヴィーナス（アフロディテ）の誕生》（1485年、ウフィツィ美術館、フィレンツェ）

アフロディテにまつわる物語として名高いのは、美青年アドーニスとの挿話です。キプロス島——そこにはこの女神の本拠とされる神殿がありました——へ降りていったときのこと、彼女ははからずもこの青年の狩りをする姿をかいま見て、激しい恋にとらわれたのでした。それからの女神は、他のすべてはおろそかにして、いつもこの青年を連れ、野に山に狩り倉を催しては、悦に入っているのでした。

切ない嘆きの花アネモネ

これをおもしろからず思うものは、人間の男ばかりではなく、神々のあいだにも少なくなかったでしょう。ゼウス大神自身さえ、世の中の美しいもの、風雅なもの、趣あるものが見捨てられて、粗野な無作法や暴力ざたばかりがはびこるのを、忌まわしいことと考えました。そしてこの恋も、ついに悲しい終わりを告げざるをえないはめに立ちいたります。

ある日のこと、アフロディテによぎない用事があって、アドーニスがひとりで狩猟に出かけたさい、森の茂みから、不意に一匹の大いのししが現われました。そしてかれの投げるやりをものともせず、すさまじい勢いでアドーニスに飛びかかりました。避けようとするいとまもなく、大いのししの牙はアドーニスの太ももを、するどく突き破ったのでした。このいのししは、女神の夫アレスの化身だったともいいます。

その叫びを、耳ざとく聞き止めて、女神は大急ぎではせつけましたが、くさむらは血潮に浸され、アドーニスの魂は、もう帰ってはこないところまでいっていました。アフロディテはせめてもの思いに、血潮の中から一本のかれんな花を咲き出させました。いまもわたしたちがアネモネ――風に散る花――と呼ぶ草花です。はかなく散る赤や紫のその花びらこそ、アフロディテの切ない嘆きを伝えるものでありましょう。

アドーニスは死なねばならなかった

この話にはさらに裏があります。アドーニスはシリアのことばで、アドン（殿さま・みこと）という男性の尊称です。そして女神は、シリアでアスタルテ（バビロンではイシュタル）と呼ばれる、大きな勢威をもつ大女神でした。

ギリシア人が、紀元前千何百年という早いころから植民していたキプロス島をなかだちとして、この女神の霊験は、ギリシアの国々、ことに小アジアの海岸地方に伝えられました。いちめんではこの女神は、大地のたゆみない生産力を表わし、アドンと呼ばれる青年神は、その愛を受けてはまた死に（殺され）、ときを経てまたよみがえってくる植物・作物の精霊を示すものとされます。

アドーニスは、死ななければならないのです。そしてその血によって、木も草も、また人間も、新しい生によみがえり、春を楽しむことができるのです。

セバスティアーノ・デル・ピオンボ《アドーニスの死》
（1512年頃、ウフィツィ美術館、フィレンツェ）

シーザーはじめローマの名家の祖に

アフロディテ女神の愛人としては、トロイアの王族であるアンキーセースも知られています。トロイアがたをいつもひいきにする女神は、イーダ（トロイア地方の主峰）の山中で、この青年がうしを牧《か》うのに出会い、姿をやつして山小屋で、この若者とひとときの愛を楽しみました。

ウィリアム・ブレイク・リッチモンド《アフロディテとアンキーセース》(1889–90年、ウォーカー美術館、リヴァプール)

そのあいだに、まもなく生まれたのがアイネイアスで、かれはトロイア戦役のおりに、老王プリアモスの長子ヘクトルに次ぐ勇将として、知られました。そして、伝説によると、トロイア落城のさいには、一族と船をしたてて海上をはせ、はるかなイタリアの地に移り住んだ、といわれます。そしてのちのローマのいくたの名家、ことにジュリアス＝シーザー（正しくはユーリウス＝カエサル）を出したユリイ家は、その遠孫ということです。

この物語を主題とするローマ第一の叙事詩人ウェルギリウス（ヴァージル）の『アエネイス』（アエネアスの歌）は、いまでも西欧第一級の古典として愛読され、トロイア落城の物語、トロイアの神官ラオコオンがへびに巻かれて死ぬくだり、カルタゴの女王ディードーの悲恋の物語など、とりわけ広く愛誦されています。

カルタゴへ漂着したアフロディテのむすこアエネア

ス（アイネイアスのローマ読み）を手厚くもてなし、とうとう深い恋におちいったディードーは、やがて自分をふり捨て、ローマ建国の使命達成のため、夜中ひそかに船出した愛人を恨んで、沖合いをながめながら、岬の上に火を焼やさせ、自刃してその中に身を投じるのでした。

恋の矢を射るキューピッドの誕生

フランソワ・ブーシェ《アフロディテとキューピッド》（18世紀）

美の神、愛の女神としてのアフロディテ＝ウェヌスには、ほかにもいろいろな挿話がありますが、ふつうのいい伝えでは、オリュンポス一家でのあいきょう者、ないしは社交家として、その夫には鍛冶《かじ》の神ヘーパイストス（ホメロスによる）か、軍神アレス（ことにローマでのマルス）があてられています。

　アレスは彼女のひそかな、またはおおやけな情人にしたてられてもいます（ホメロスによる）。またその子どもとしては第一に、肩に翼をはやしたあの男の子キューピッド（ギリシアでエロス、ローマのクピードー）があり、小さな弓に金や鉛の矢をつがえて、世の人間の心をねらうとされています。

世のもろもろの恋心、また浮気心は、この金の、ときにはにせ金の、矢のしわざです。また鉛の矢は、嫌気《いやけ》だの、ひじ鉄砲だののもとといわれます。

たとえゼウス大神のような偉い神でも、この小童の矢に傷つけられると、たちまちなよなよと、風に狂ったたうしの姿に変わるのですから、恐ろしいものです。

V　酒と芝居の神——ディオニュソス

苦労し尽くした庶民的な神

ディオニュソスは、よく英語ふうにバッカスと呼んで広く知られるバッコスの称号をもち、まったく霊験あらたかな大神です。ギリシアの三大悲劇詩人のひとりエウリピデスの劇『バッコスの信女たち』は、この神をないがしろにしたものは、それがたとえ王さまにしろ、どんな悲惨な目にあうか、を物語っています。

この神も、ふつうはゼウス大神のむすこのひとりとされていますが、他のオリュンポスの神々とは（もちろん古典時代の話で）、だいぶ性格が変わっています。ホメロスによって

「オリュンポス山上にとことわに坐《いま》し、不死であり幸福な」と呼ばれる他の神々が、上流階級の取り澄ました、高尚な神たちとすると、バッコスはずっと庶民的な、苦労もさんざんなめた、遠山の金さん的な神です。かれは、伝説によると、赤子のころにさらわれ、殺されて八つざきにされました。それを母である大地が、まだ生きていた心臓を深く地中に隠し、あとでもってゼウスに与えて、また生き返らせました。ゼウスは、悪事を働いた巨人たちを厳重に処罰し、切れ切れの手足を集めて、これにまた生命を吹きこみ、自分のものの中に入れて育てました。

生命の復活を象徴する「大地のむすこ」

こうしてかれは新しい神として、再生したのでした。一説では、かれは生母であるテーバイの王女セメレーとともに火に焼かれて死に（かけ）、それをゼウスが助け出した、ともいわれます。このほうが一般に行なわれるその由来ですが、このセメレーがどうもくさく、ほんとうは「大地」（小アジア西北、フリュギアの言語で、ゼモラー、ゼメラーといったらしい）ということ、つまりかれは「大地のむすこ」なのです。それは死んでまたよみがえる、植物の精霊にほかなりません。バッコスも、その本質では、生命の復活を意味し、実は他の多くの男神と相通ずるのですが、その性格が強くのちのちまで残されていたわけです。

それはかれが、他の神よりずっとおそく、古典時代からそうへだたらない時代に、北また

ティツィアーノ・ヴェチェッリオ《バッカスとアリアドネー》(1520–23年、ナショナルギャラリー、ロンドン)

は海の東から、新規に、あるいはくり返して、もちこまれた神格だったからです。そして、アテナイの町でことにその信仰が栄えた理由は、貴族たちの専制を押え、商工業者、あるいは農民など庶民に推されて、テュランノス、つまり、英語でタイラントという、よく暴君と訳される、僭主になったペイシストラトスが、このバッコスの信仰を強力に推進したからでした。

それはつまり文化政策・宗教政策の中軸として、貴族たちのオリュンポス信心に対抗するためでした。またその実際的な手段、ことに市民たちを楽しませ、同時に教える、つまり古代におけるマス＝コミのもっとも有力な方策としてかれの思いついたのが、演劇でした。

大野外劇場を舞台に興行

ディオニュソス＝バッコスは、こうして芝居の神になりました。アテナイ市の城山の南東のふもとに、ディオニュソスの社があります。その境内に、大野外劇場が設けられたのでした。それはいわば、春日神社や日枝神社の、神楽殿を大きくしたようなものです。

そこでいろんな劇、『トラゴイディア』という、のちの悲劇《トラジェディ》になったもの、あるいは『コーモイディア』という、のちの喜劇《コメディー》になったものが興行されました。ただしそれは、いまのように年じゅうでなく、ディオニュソスの大祭のある春だけでした。三月末ごろと、もう一つのディオニュソスの社での一月末との二回だけが市民の最大の歓興の時節でした。

そこで行なう演劇の台本は、全市民から募集されたものです。そして、パルテノンの神殿を築き、いくつものすぐれた彫刻、ブロンズや大理石やの、いまも欧米の美術館で衆目を集め、感嘆の的となっている彫像をつくった、その同じ天才が文学の部面で、数多くのすぐれた戯曲を生み出したのでした。それは、いわれのないことではありません。

ディオニュソス劇場

アポロンの合理、ディオニュソスの非合理

ディオニュソスは、よく美しい青年の姿に描かれています。頭には常春藤《きずた》のつるをまとい、ぶどうのふさやつるを、手に持ったり、たらしていたりするのがつねですが、古くはもっと年をとった、ひげを長く伸ばした顔かたちで、長い衣を着ているのがよく見られます、貨幣などに刻まれているのも、そうした姿です。

バッコスは、酒の神、ゆたかな、悦楽と歓興との神でもありますが、また恐ろしい非合理性、人間の心奥にひそんでいる不可知なものの表徴でもあったのです。

明るいアポロンを合理性と調和美の代表者とすれば、ディオニュソスは非合理性・不調和・混沌《こんとん》の表徴といえます。そしてデルポイの神殿には、主神アポロンのほかに、このディオニュソスが合祀《ごうし》されていました。そしてアポロンの不在のあいだ、そのるすを預かる神とされていたのは、ギリシア人の人間観・世界観を語るものといわれましょう。

ドイツの哲学者ニーチェ（一八四四―一九〇〇）が、この両神を、文学のみならず、人間精神の二面と見て、さまざまな文化的表現をその矛盾対抗や総合と見た解釈は、このギリシア人のものの見方を、さらに一段と推し進めたものとして、高く評価されるわけです。

VI 商人とどろぼうの親方――ヘルメス神

美しい彫像となった青年神

ゼウス大神のむすこには、アポロンやディオニュソスと並んで、もうひとり、なかなか人気のある青年神ヘルメスがおります。ヘルメスについては、いまオリンピア美術館に納まっている、あの美しい、プラクシテレス（前四世紀の大彫刻家）の原作そのものといわれる大理石像が、その趣を現代にまで示してくれます。

まったくそれは地上のものと思われない、理想的な美の顕現です。プラトンは、芸術作品を、永遠なイデアの二次的な写しだと、こきおろしましたが、少なくもパルテノンの神殿や

ディオニュソスを抱くヘルメス像（オリンピア考古学博物館（オリンピア美術館））

このヘルメス像、クニドスのアフロディテ像などでは、地上的なものと、神的なものとが、ほとんど一致接合しているかにうかがわれます。そして芸術の価値は、まさしくそういうところにあるのでしょう。

ともかく、この赤子のバッコスを胸に抱いて微笑するヘルメスは、よほどもう成長した神さまにちがいありません。というのは、元来ヘルメスというのは、畑のすみや田のあぜに、また道ばたに立てられていた石像、道祖神のような石の柱から成り上がった、といわれるからです。

たいへんな働き者

頭があって、すこし下がってちょっと出っ張った陽物のついた柱、それはまさしく豊饒を祈る農民や遊牧民の心の現われでした。それがどの程度にこの神と深い縁故があったにしろ、ともかくこの神さまが、元来は農民に親しい、ごくだけた性格をもっていた神格だったことはまちがいありません。

かれは牧畜や畑を守り、また、道を通る旅行者や使いを保護します。こうしてかれは通信や駅逓《えきてい》の司神になり、貿易や交通や商業や、ついにはごまのはえやスリ、どろぼうの親分にまで、なり下がったのでした。

まだ赤んぼうのときから、かれは悪賢く、兄であるアポロンのうしを盗んだり、亀の甲で琴をつくって、高く売りつけたり、いろんなことをしました。大きくなると、もっぱらゼウス大神の走り使いを勤め、老王プリアモスをアキレウスの陣屋へ案内したり、オデュッセウスの釈放を求めに、女神カリュプソーの島へ行ったり、大いに働きます。

その姿はふつう青年の、かいがいしく短い上着を肩に、足へは翼のついたサンダルを、手にはへびがまといついたつえを持ち、ときにはこれも翼をつけた帽子をかぶっています。このつえはまた、死人の霊を冥界へ案内するのにも使われました。それでヘルメスはまた、「魂の見送り人」とも呼ばれていました。

ローマでは、メルクリウスという神が、ヘルメスの代理を勤める、つまり同じ神とされていました。英米ではマーキュリーというのがこの神で、例のとおり、へびがまといついて、翼のあるつえを手に、駆け足の姿でよく描かれています。一橋大学の記章《きしょう》がこれにちなんでいるのは、あなたもたぶんご存じでしょう。むかしの一高の記章は、ゼウスの柏と、アポロンの月桂樹の葉の組み合わせでした。

怪人アルゴスを打ち殺す

ヘルメスに関する説話のうち名高いのは、うしを盗んだ話や琴をつくった話のほか、ゼウス神の命を受けて、怪人アルゴスを殺した物語などです。このアルゴスというのは、からだじゅうに目がついている、目だらけの巨人ということで、これがアルゴスの王女イーオーの

アントニオ・テンペスタ《アルゴスを殺すヘルメス》(1606年、ロサンゼルス・カウンティ美術館)

変身した牝牛の番を命ぜられていました。

つまり、ゼウス神があるときイーオーに目を止め、激しい恋に落ちて通ったところ、たちまち妃神ヘーラに見つかってしまいました。しっとにかられたヘーラは、イーオーを牝牛に変え、アルゴスに命じて番をさせておいたというのです。ゼウスが、ヘーラの目をごまかそうと、自分でイーオーを牝牛の姿にした、ともいいます。

ともかく、あとでゼウスはそっとすきをうかがい、ヘルメスを呼び寄せてイーオーの解放を命じました。そこでヘルメスはすきをねらってアルゴスを打ち殺し、イーオーを釈放してはやりましたが、まだヘーラのいかりは解けず、うしの姿のまま、耳へあぶを入れて刺させたので、イーオーは苦しさに堪え切れず、狂い回って、諸国を経《へ》巡《めぐ》っていきました。

プロメーテウスの予言

例のプロメーテウスがはりつけにされているという、北の国の山のふもとにさしかかったとき、巨人神は彼女を慰め、いつかは安住の地を得て、人間のもとの姿に立ち帰れること、その子孫に英雄が出て、自分のいましめを解いてくれるはずであること、などを教えました。

その予言のとおり、イーオーはエジプトに行き、そこで人間の姿に帰り、その子孫はギリシアにもどってアルゴスの王となり、やがて九代の孫にあたるヘラクレスが、プロメーテウスを苦しめる大わしを射止め、かれを解き放したのでした。

この先の話はともかく、ヘルメスが「アルゴス殺し」（アルゲイポンテス）と呼ばれるのは、この所業のためだといいますが、この呼び名のほんとうの意味は、まだ明瞭でありません。

Ⅶ　月の女神アルテミス

聖地の社殿のふしぎな女神像

ゼウス大神の娘たち、アテーナやアフロディテと並んで、相当に名の売れているのはアルテミスです。もっとも一般には、ローマでの呼び名ディアーナ（英、ダイアナ）のほうがポピュラーです。

ゼウスの多くの子どもたちのように、この女神も、母親はゼウスの正妃ヘーラではなく、アポロンと同じくレートー女神でした。その姉とも、双生児のきょうだいともいいますが、たいしたちがいはありません。神々の年齢を論じるのは、おろかなことです。なにしろ不死・常住なのですから。

この両神が生まれたのは、伝説によると、エーゲ海中の一小島デーロスで、それからこの島は、両神に神聖な土地としてあがめられていました。ことにアポロンの社は、デルポイのと並んで有名で、この社を中心として、アテナイ市を盟主に、イオニア系諸都市を糾合したデーロス同盟は、歴史上よく知られています。

アルテミスの聖地としてことに名高いのは、小アジアのエペソス市です。そこには壮麗な大社殿があり、いつも参詣人でにぎわいました。その本尊の神像は、たくさんの乳ぶさをもつ、ふしぎな女神像でした。

本来は万物育生の大地女神

ふつうアルテミスは、アテーナと同様に処女神となっているので、この像は奇怪に思われます。しかしそれはこの女神の本来の性格を表わしたもので、アルテミスは、実はアポロンと同様に、小アジア系の大地女神、万物をはぐくみ育てる豊饒の母神だったのです。

おそらくクレーテ島の有史前に見られる、野獣をわきに従えた女神像も、同じ系統にちがいありません。というのは、アルテミスはクレーテ島などで、別号ディクテュンナ（網の女神）として表わされるからです。

アルテミスがもっぱら狩猟にかかわり、よく弓矢を持ち、えびら（矢を入れる道具）を肩にかけた姿で表わされるのもこのせいです。

ふつうに述べられるアルテミスの伝説も、多くはこの野獣、ことにしかやくまに関しています。女神のいかりに触れて、牝ぐまに変えられたニンフ、カリストーの話、女神の祭りを忘れて大いのししに荒らされたカリュドンの町の物語などその一例です。

ことにカリュドンの大いのしし狩りは有名で、田畑を荒らす一匹の大いのししのため、ギリシアじゅうの勇士が集まって、その狩りを催します。首領は、カリュドンの領主のむすこメレアグロスです。そしてついにしとめたいのし

アントン・ラファエル・メングス《夜空にあるアルテミス》（1765年、モンクロア宮殿、マドリード）

しの分配から、争いが起こり、ふしぎなのろいのために、英雄メレアグロスは死ぬことになります。

太陽神アポロンと並んで

アルテミスはまた、アポロンが太陽神となったのにつれて、そのきょうだいとして、月の女神にされます。それはこの両神が、弓の名手であるのにも、関係がありましょう。光はよく、矢にたとえられますから。そして夜を守る女神としての、月を冠にしたアルテミス(ディアーナ)も、よく絵や彫刻に見られるものです。

一伝では、第1章の「天に上ったくまの母子」でお話ししたようにカリストーは、ゼウス神の愛を受けて妊娠し、その姿を女神にとがめられて、あるいはゼウスの妃神ヘーラのねたみから、くまの姿に変えられたといいます。そして産んだ子どものアルカスが成長して狩りに出て、母親である牝ぐまに会い、あやうくこれを射ようとするのを、ゼウス大神がさし止め、ふたりを(またはカリストーだけを)天に上らせ、星にしました。それがあの、北の空に輝く大熊星座で、北極星を含む小熊星座は、アルカスの変身ともいわれます。

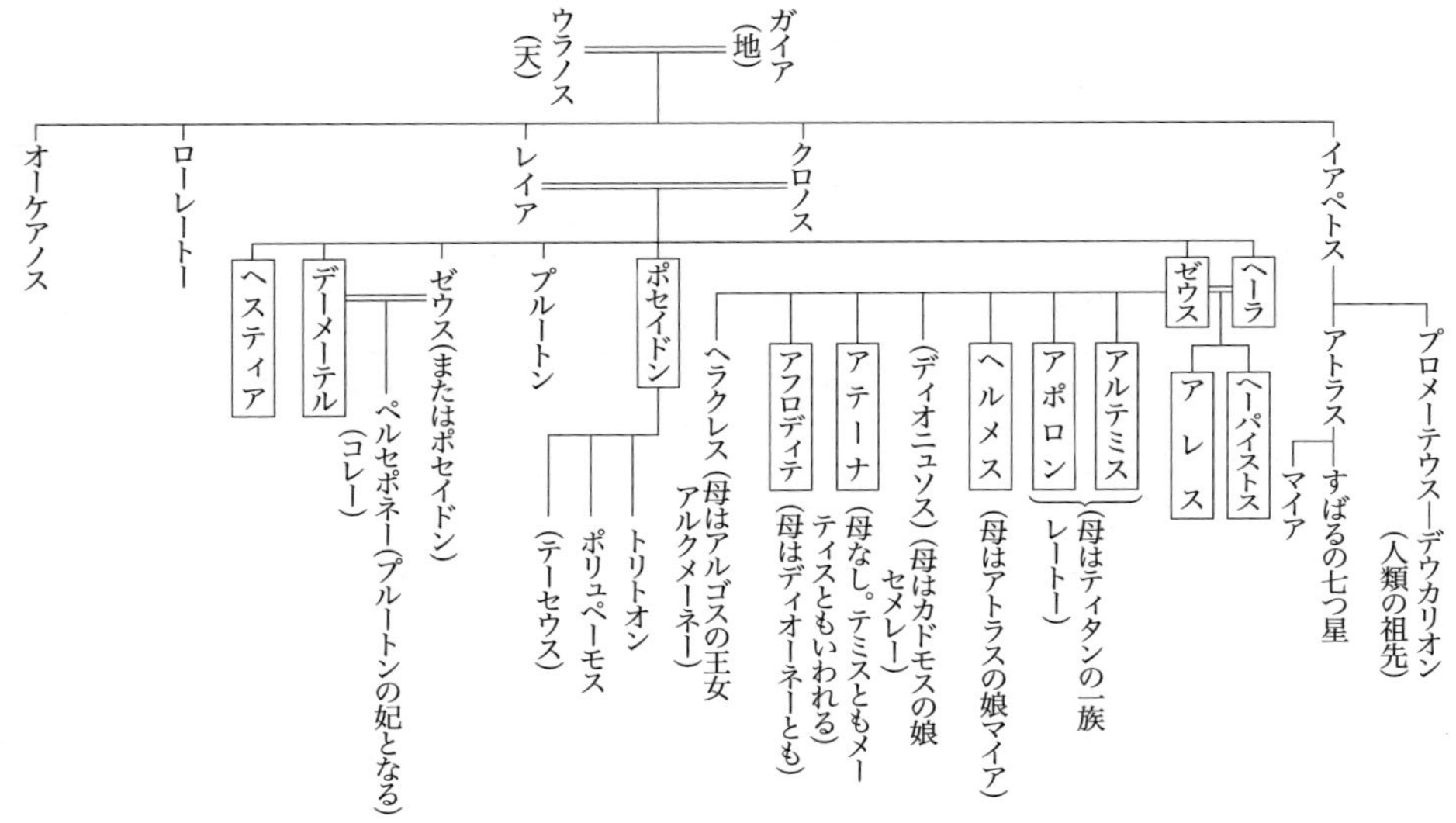

枠内が一二神、ただし、のちにはディオニュソスがヘスティアに替わる

第6章　海と地下の神々

ポセイドンとアンピトリーテー

I　ほら貝ふきのトリトオン

ポセイドンを祖とする英雄たち

ギリシア人の世界で、海を支配する神はポセイドンでした。もっとも、かれの権威は海だけにとどまらず、すべての川や湖水、あるいは地下水からわき出る泉など、つまりあらゆる水に縁のあるものは、みなかれの勢力下に置かれていました。

ホメロスの叙事詩では、かれはいかめしい顔に黒々としたひげをはやし、やりとよく似た三つ又のほこを構えた姿をしているように想像されます。かれは大地をゆすぶり動かすもの、大地をささえるもの、とも名づけられます。

オリュンポスの宮殿では、かれはゼウスの弟（古くは兄とも）として重きをなしますが、やや粗暴でおこりっぽく、ぶあいそうのようです。このようすには、海そのものの性格がかなり反映しているようですが、それとともに、ずっと古いむかしは、ポセイドンの信仰が、先史時代の支配者たちのあいだにひじょうに強かったのが、あとでゼウスなどにだんだん押されていった痕跡も認められるようです。

その一つのなごりとも思われるのは、かれの子どもといわれるものに、怪物や巨人、乱暴者などがひじょうに多いことです。冬の空をはせるあの猟師オリオン（星座）、オデュッセウスに目をつぶされた一つ目の巨人キュクロプスのポリュペーモスなども、このなかまです。

一方、古いギリシアの王家には、先に述べたようなわけで、ポセイドンの後裔《こうえい》と称するものも少なくありませんでした。トロイア戦役でギリシアがた名うての知将ネストルや、アテナイを代表する英雄テーセウスなどその一例です。テーセウスはふつうアイゲウス王のむすこ（後段参照）とされていますが、このアイゲウスがくせもので、実はポセイドン神の化身と認められるからです。

海に住む奇妙な連中

ポセイドンの配偶者、つまり妃神としては、古典時代では一般にアンピトリーテーという、これも海神の一族の老人ネーレウスの娘が認められています。しかしこの女神については、あまり話が残っていません。それはほんとうは古い時代には、まえにあげた女神デーメーテルがポセイドンの妃だった、と考えられることで、ほぼ理解されます。

ギリシアのいなかの地方では、よくこの女神が、ポセイドンと並んで祭られています。アルカディアの山中にある町には、このふたりの神がうまの姿で現われ、駿馬として名高いアレイオンというのが、そのあいだにできた子だ、という伝説が残っていました。そして、うまの首をした神像が祭ってあったということです。

ネプチュン（ポセイドン）とトリトオン像（1622–23年、ヴィクトリア＆アルバート博物館、ロンドン）

ポセイドンのむすことしては、先に述べた巨人や怪物のほかに、海に住むトリトオンというのが、のちには広く知られています。かれは下半身が魚のようになっていて、長いひげをはやし、よくほら貝をふいている姿で描かれます。そして天気のいい、波の静かな海面に浮かび出ては、この貝をふき鳴らす、ということです。つまりは、のびやかな晴れ渡る海の精というところでしょう。

海に住む神には、このほか先に述べた老人ネーレウスの娘たちの、五〇人のニンフ、ネーレイドたち、海ぼうずのグラウコス、自由に形を変えられるというプローテウスなどがいます。この連中は、たいてい海底の洞窟に住み、天気がいいと、海面にぽっかり浮かび出て、日光浴をするのが習わしのようです。そして、それぞれ、なにかふしぎな術だの、へんな癖だのを持ち合わせた、奇妙な連中でした。

II　六粒のざくろの実

いかめしい冥界の支配者プルートン

オリュンポスの、「青銅を床に敷きつめた」とホメロスに歌われている宮殿にいた、その神々の威光も届かない、といわれるところに、地下の国々があります。

ギリシア人は一般に、死ぬと地下の冥界《あのよ》に行くと考えていました。中国でも死者の住むところに「黄泉国」という地の下の国がありますし、日本でも「よもつくに」「夜見の郷」というのは、だいたい地下にあるらしく思われています。それは人が死ぬと、土葬にしろ火葬にしろ、一般に地中に埋められるからでしょう。

ともかく、ギリシアではクロノスのむすこの三人きょうだいのうち、天上はゼウス、海はポセイドン、そして地下の冥界はプルートンが治めるところとされていました。このプルートンも恐ろしげな、いかめしいひげだらけの顔つきをした、年輩の神です。ゼウス神は、子どもや赤子のときもあったと一部の神話ではいわれていますが、プルートンの幼年時代は、ちょっと想像されません。

プルートンとは、ギリシア語で解釈すると「富の神」といったところで、ゆたかな地下資源の支配者、あるいは豊饒な大地の司神、を意味すると見られますが、ほんとうの神名とは考えられません。またよくハーデス、あるいはアイデース（見えない者？）とも呼ばれますが、これもどうやら本名ではなさそうです。おそらく、人の忌み恐れる「死」の世界の主《ぬし》として、その名をいうのをはばかって、別名だけが伝わったものでしょう。

ホメロスなどでは、死人の行くところは、一般的な冥界ではなく、「冥王アイデースの屋形の中へおもむく」といわれます。そしてだいたい、そこの門番として英雄アイアコスが雇われていて、ケルベロスという猛犬がそこの番について、冥界を抜け出そうという亡者どもを見張っているということでした。

アイアコスは、トロイア戦役でギリシアがた第一の勇将アキレウスの祖父にあたる人物ですが、正直で剛毅な人物だったので、冥界の守衛に選ばれたといいます。またケルベロスは、首が二つとも三つとも、一〇〇ともいう恐ろしいいぬで、その口からは火を吐くのでした。

そのほか、冥界のまわりには、火の流れのプレゲトンという川、恐ろしい憎しみの黒い川ステュクス、また沼のように広い（湖水らしくも思われる）アケロオスという川が流れているはずです。「はず」というのは、いろんな人の話ばかりで、どうも冥途《めいど》からほんとうに帰って来たものはいないらしく、模様がいろいろに想像されるからです。

しかしおもしろいのは、ちょうど日本の三途《さんず》の川のように、このアケロオス（アケロオンともときに呼ばれる）の川か沼かは、渡し船で渡るしかなく（もっとも、アリストパネスの喜劇では、船に乗れないので、湖水のまわりをぐるっと回っていきますが）、その渡し守りは、カロオンというおじいさんとなっています。

カレル・ヴァン・マンデル《プルートン》(1598年)

そして渡し賃として二オボロス（五〇円ぐらい）を取るので、死人の口には、この二オボロスの銅貨を、埋めるとき入れてやるのが習わしでした。

かれんな少女の変身

プルートンの地下の屋形に住む神々には、かれのほかに、その王座と席を並べて、女王のペルセポネーがおります。これもいまでは、恐ろしい死の女王として、青ざめたおももちに、いかめしいようすに見えますが、もとは女神デーメーテルのひとり娘で、優しくかわいらしい少女でした。

彼女が野原へ花を摘みに出て、プルートンにさらわれ、やむをえずその王妃になったしだいは、まえの章に述べたとおりです。

それも最後に、冥界から助け出されたおり、うっかり口に入れたざくろの実のおかげというので、つまり死の世界、あるいは一般に他国に行って、あるいはよその家で、そこの物を食べることは、その土地なり家なりと、ある関係を結ぶこと、その支配下にはいることを意味するという、原始的な一般の考え方に出ている、と認められます。一宿一飯の恩義などと日本でいうのも、そうした考え方の一つの現われでしょう。

このざくろの粒の数は、いろいろな伝えがあって判然としません。六ヵ月ずつ、地上と地下とに分けるので六粒とも、冬のあいだの四ヵ月で四粒とも、一粒ともいいます。つまり数は、かくべつたいせつでないのです。

なお別な話し方では、この冥王のもとに数人の裁判官がいて生前の罪を裁き、悪いものは地獄のようなところへ、よいものは極楽のような楽天地へ送りこむとも伝えますが、これは、すこしのちの進んだ考え方でしょう。裁判官には、だいたい正義を守ったという、古い伝説的な王や領主などが選ばれていますが、その標準は、かならずしも明らかでありません。

極楽はだいたいエリュシオンという、いつも春のような楽しいところで、野原か島かはっきりせず、いつもよい音楽が鳴り響き、食べ物や飲み物がいっぱいあり、むかしからの英雄や豪傑・賢人やすぐれた詩人・音楽家などがそこに集まっている、ということでした。

フランスの首府パリにある有名なシャンゼリゼー宮、シャンゼリゼーの大通りは、この「エリュシオンの野」という意味の、フランス読みからきているものです。

運命の糸をたぐる女神たち

地下の世界も、はじめのうちはただもうもうとした霧やもやが、暗く、薄気味悪くたちこめる、陰気なところにすぎませんでした。そしてそのどこかに、陰鬱にそびえ立つ、冷たい石造りの、冥王ハーデスの館が、ものものしく控えていただけのようでしたが、だんだん住居も増し、したがって所属の神々も多くなってきたと見えます。

つまり文化の発達、ことに文学の発展につれ、とりわけ詩人の想像から、冥府の内容も多岐多端となりました。宗教、ことに迷信の介入も、これに少なからず加勢しております。

冥王プルートンのもとに集まる神々の数も、こんなしだいで、だんだんふえていきましたが、なかでめぼしいところをあげると、つぎのようなのが認められます。

モイライ三女神のレリーフ（1790年、旧国立美術館、ベルリン）

運命の女神たち。これはだいたい三人で、モイライと呼ばれ、人間の運命の糸を引き出すラケシス、それをつむぐクロートー、これを断ち切るアトロポスの三女神です。たいていは黒か灰色の長い衣を着、頭からかつぎをかぶり、暗い陰気な目をしています。でも、こういう想像は、ギリシアが衰えてきた、のちの時代のものかもしれません。

夜の辻々をはせ巡る魔女

復讐の女神たちエリーニュス。この訳名はすこし当たらないようで、実はむかしの氏族社会で、その血族間の義理を保っていく、いわば一種の正義の女神に近いものだったようです。血族間の流血に対して、ことにきびしい監視の目を見張り、これに報復するのでした。それでのちには、頭髪がみな恐ろしいまむしから成って黒い衣を着た、ものすごい姿に想像されるようになりました。市民社会になって、むかしの倫理観念の受け取り方が変わった、一例とも見られます。

マクシミリアン・ピルナー《ヘカテー》(1901年)

そのほか、いろんなおばけや妖怪、子どもの血を吸う吸血鬼のエンプーサなどいろいろあるうち、特に広く一般に信じられ、恐れられたのは、夜を守るヘカテー女神です。

髪を振り乱し、たいまつを手に、何匹もの野犬をうしろに従え、ま夜中の辻々をはせ巡る、と考えられたこの女神は、ことに月の夜に多く想像され、魔術を使うともいわれていました。それで方々の辻には、このヘカテーをまつる、小さなほこらがよく立てられていました。石をちょっと積んだくらいのものもあります。

あのシェークスピアの悲劇『マクベス』で、主人公マクベスに、くらい迷路で怪しく恐ろしい予言を与えたのも、このヘカテーとなっています。

第7章　英雄時代

ノエル・コワペル《神格化されたヘラクレス》

I　ヘラクレスの一生

人間的な人間の象徴

ギリシアの古い叙事詩人で、神話についての最初の解説者とされるヘシオドス（第4章「世界のはじめ」117ページ参照）は、人間の世の五世代（黄金・白銀・青銅・英雄・鉄）で、現在の「鉄の世代」のまえに、英雄時代を置いています。先の世のすぐれた人たち――大きな功績を残し、人類に深い恩恵を与えた人々を、単に英雄視するだけでなく、現在われわれの受けているいろいろな恵沢の源を、だれかの仕事として記念したい、というのは、人間に共通する一つの理想の現われとも考えられます。

そうした現象の、ギリシア的な典型とされるのは、英雄ヘラクレスです。ヘラクレスがはたして純粋な神話的存在か、歴史的な人物か、それとも後世の想像が生んだものか、そのへんはなんとも断言できません。ずるくいえば、そのすべてでありましょう。ただかれが、歴史時代の、少なくも古典期のギリシアでは、すぐれて、人間的な人間の象徴として英雄視され、実在の人間だったように思われていたことは、まず確実です。しかも神となった人間の実例として。

女神のしっとから重なる苦難

伝説には、決まっていろいろなちがった説があるものですが、一般の伝説によりますと、ヘラクレスの父は、ゼウス大神とされています。母は、アルゴスの王として英雄の誉れ高いペルセウスの孫娘アルクメーネーでした。ねたみ深いゼウスの妃神ヘーラは、ヘラクレスの誕生を憎んで、かれを、同じくペルセウスの孫となるエウリュステウスの下につかせました。それはゼウスが、こんど生まれ出るペルセウスの家系のものこそ、全アルゴスの王となろう、と得意げにいうのを聞いたからでした。

ギュスターヴ・モロー《ヘラクレスとヒュドラ》
(1875–76年、シカゴ美術館)

　つまりヘーラは、エウリュステウスの誕生を急がせ、代わりにお産の神を引き止めて、アルクメーネーの子の出生を、引き延ばさせたのでした。これから、ヘラクレスの苦難の一生が始まります。

　ヘーラは、生まれたばかりのへ

ラクレスのもとに、すきをうかがって二匹の毒へびを送りました。しかし毒へびは、幼児の両手で首をしめられ、ヘーラの目的は果たされませんでした。

母の住むテーバイの都で成長したヘラクレスは、山中で出会ったライオンを、素手で打ち殺すほどのたくましい若者となりました。かれは殺したライオンの皮を頭からかぶり、手に棍棒を下げた姿で、よく表わされます。

テーバイ市のために働いた手がらによって、かれは王の娘と結婚しましたが、またもやヘーラがしっとからつかわした狂気の女神のために錯乱し、自分の子や妻まで、獣とまちがえて殺してしまいました。一説では、妻はのがれて、あとで他の人にとついだともいわれます。

常人をこえるその能力と欠陥

いずれにせよ、かれは正気にかえってから、すっかり打ちひしがれて町を離れ、デルポイの神託をうかがい、それによって故郷のアルゴスに帰り、そこの王エウリュステウスの命令によって、たびたびの難業に当たることになります。これがいわゆるヘラクレスの一二功業ですが、その数は実は一定したものではなく、またほかにもいろいろな事績を残しています。

その多くは、自分の国、あるいは他の町のために、害をなす毒へびや猛獣、あるいは騒音をたてる鳥どもなどを退治すること、一方では王の望みにまかせ、地獄の番犬ケルベロスや、世界の西の果てに住む「夕昏《たそがれ》の娘たち」の国から、黄金のりんごを取ってくるなど、常人には不可能な難事業ばかりでした。そしてこの後者には、不死を得ようとする人間の努力が象徴されている、と説く学者もあります。

ともかく、かれは常人のよく成しえない仕事をする力を備えているとともに、あらゆる人間的な欲望や欠陥までも、常人をこえて備えているものでした。ですからかれは、力が余りすぎて人を殺してしまったり、やたらに人が好きになったりし、また喜劇の中では、よく食いしんぼうの大食漢、お人よしの直情径行的な若者として描かれています。

「人間とはなにか」への解答

とうとうかれは誤解から毒を身に受け、その苦しさにみずから火中に身を投げて焼け死にますが、人間的な肉の部分はそのおりに焼かれて滅び、父ゼウス神から受けた神的な要素は天に上って、神々の列に加えられたといいます。

ヘラクレスは代表的なギリシアの英雄であるとともに、「英雄」という理念に、一つの新しい定義をつけ加えたものともいえます。英雄《ヒーロー》と訳されたもとのギリシアの原語 Heros には、むしろ尊い人、高い位にある人、といった意味が強いようで、古代日本の「みこと」と似ているようです。それが一方では、日本と同じく死んだ貴人の霊に及び、一方では神人ないしは半神、という意味にも使われてきました。

小説などの主人公を、ヒーロー・ヒロインというのは、また後世の用法のようです。ともかく、人間のもつ能力と欠点とを、それぞれ最大限に増幅してもちあわせたこのヘラクレスを、代表的な英雄としたギリシア人たちの考え方には、われわれになにかを思い返させるものがありましょう。それは、人間とはなにか、ということにほかならないかもしれません。

II　迷宮と牛人退治

アテナイを代表する英雄テーセウス

ヘラクレスは、ギリシア民族のうちの西方系といわれる、ドーリス系の代表的英雄とされ、ドーリス系の主要国家、スパルタの王家は、ヘラクレスの子孫といわれていました。一方、東方系を代表するアテナイは、これに対抗するものとしてテーセウスを押し出しました。

これはシェークスピアの『真夏の夜の夢』に出るアセンスの王テーセウス Theseus です。テーセウスは、全体としての人気は、どうやらヘラクレスに及びませんが、やはり、ギリシアの代表的英雄のひとりとして、古来その名をうたわれています。

かれはまたフランスの古典的な文豪ラシーヌ（一六三九—九九）の名作『フェードル』に

も、そのヒロインの夫として現われます。こうした事実はみな、アテナイがギリシア文学、ことに戯曲・演劇で占める独歩の地位に基づくものです。アテナイの詩人・劇作家は好んで自国の伝説に取材し、したがってテーセウスもよく出てきたわけです。

テーセウスの事績としていちばん名高いのは、牛人ミーノタウロスを倒し、迷宮をのがれ出た話ですが、そのまえにごくかんたんに、その生まれや素性を調べてみましょう。

アテナイ王の旅の落とし子

ギリシアの神話伝説には、一般にアテナイなど、東方系の種族の要素は多くありません。その理由は、まだ全般的に明らかではありませんが、伝説の制作にあたった叙事詩人の系列が、おそらくはアテナイ系と異なる、あるいは、これと快くない部族の出だったからではないか、と考えられます。

テーセウス、ならびにアテナイの諸王の系譜と、デウカリオンやその子孫アイオロス、あるいはヘラクレスなどの諸系とのあいだに見られる、若干のつながりは後代のつくりごとで、本質的にはまったく縁がないようです。

アテナイの古い王は地中から生まれたといわれます。あるいは、古い海神ポセイドンの変形かとも思われます。つまりここでも古くは、ポセイドンの信仰が盛んだったようです。

そしてテーセウスの父は、アテナイの王アイゲウスとされていますが、アイゲウスその人の系譜や事績がはっきりしません。おそらくかれは、エーゲ（アイガイア）海の主、ポセイドンであって、自身の写しであって、それが人間化され、王につくりあげられたらしく想像されます。

ともかくテーセウスは、父王が湾を隔てた向かいの町トロイゼンに旅したさいにできたむすこで、帰国のとき王は母親に、成人して力が強くなったらばアテナイへよこすように、といい置いたと伝えられます。

いけにえの中にまぎれこんで

成長してたくましい若者となったテーセウスは、父親の残していった剣とくつとを、巨岩の下から取り出します。そして陸路をアテナイへと向かい、とちゅうで多くの山賊や怪人を退治し、父王のもとに到着します。

アテナイに着いたテーセウスは、市人のために、原野を荒らすマラトンの猛牛を退治に行き、父の統治権を脅かすいとこたちやその一味のものどもを平らげます。そのつぎにくるのが牛人退治です。

この伝説でいちばん興味があるのは、それが先史時代のギリシアになおさきだつ、クレーテ島のミノア文化の一端をわれわれにのぞかせることです。クレーテ島に、この多彩なミノア文化が栄えたのは、紀元前の二〇〇〇年以前からで、一五〇〇年ごろにも及びました。ミーノースは、その代表的な王、おそらくは祭司の頭でもある君主の名です。そしてこの地方では、特にうしが聖獣として尊ばれていました（エジプト↓ギリシアの一部）。

クレーテに敗れたアテナイは、毎年七人の青年と七人の少女とを、怪牛人へのいけにえとして、クレーテに送る約束でした。それを聞いたテーセウスは、進んでそのひとりに選ばれて船に乗り、ミーノース王の宮殿に運ばれます。定めのとおりに、一四人の少年少女は、怪人の住むラビリントスという建物へ連れこまれるのでした。

迷宮にはいって牛人を倒す

これは廊下がいくつも曲がりくねっていて、一度中にはいると、とても二度と外へは出られないというしかけの建物で、その奥にうしの頭をした巨大な怪人が住んでいる、というのでした。いわゆる「迷宮」ラビリンスというのは、これから出たことばです。つまり「迷宮入り」といえば、もう出口は見つからない、解決困難というわけになります。

しかしテーセウスには、天の恵みというのでしょう、心強いたよりが一つありました。それはミーノース王の娘のアリアドネーが、男らしいテーセウスの若さに輝く姿を見そめて思いを寄せ、前夜そっと尋ねてきて、一つの策を授けてくれたことでした。麻糸の球が、その具体的な現われで、それをふところに入れたテーセウスは、こっそりその端を入り口の柱に結びつけ、球をふところにして奥へと進んでいったのでした。

牛人ミーノタウロスとテーセウス像
(1827年、チュイルリー庭園、パリ)

怪人との格闘は、とうとうテーセウスの勝ちに終わり、糸をたどって迷宮を難なくのがれ出たテーセウスは、夜の暗に乗じ、かねて示し合わせたアリアドネーと手を取り合って船に乗りこみました。アテナイへ着いてからの話は省くとして、ただこの興味深い冒険も、どうやらのちの詩人のつくりごとと認められます。

テーセウスはポセイドンの変身か

それはこの怪牛人が、ミーノース王その人にほかならず、二〇世紀に進められた発掘の結果、迷宮というのは、クレーテ島の古い都クノソスにあった、その巨大な宮殿そのものと考えられるからです。そのうえテーセウスをポセイドンの変身とし、王女アリアドネーは、その名のギリシア語の内容が示すように、「とりわけて神聖に、神威のあらたかな」女神と認めれば、この話の趣は、だいぶ変わることになります。

なぜかというと、クレーテ島ではずっと大むかしから、アルテミス女神に似た、野獣を従え野獣をいつくしむ、大地女神系の女神が広く祭られていた形跡があるからです。アルテミス崇拝は、小アジア中南部からエーゲ海に広く、ギリシア南部にも勢力がありました。先のデーロス島が、アポロンとアルテミスとのきょうだい神の生誕地とされ、神聖視されたのも当然のことでした。

ミーノース王は、おそらくその祭司だったでしょう。聖獣牛に象徴される男性は、その女神の配偶者です。ミーノースはその祭壇で、あるいは象徴的な祭事として、人身犠牲をも行なったかもしれません。征服され、一時クレーテの主権下に置かれたアテナイが、その人身《ひとみ》御供《ごくう》を提供したことも、あるいは実際にあったかもしれません。

アテナイの歴史を背景に創造

テーセウスは、アテナイを含むアッティカ地方に都市連合をつくりあげ、アテナイの主権を確立したものともされています。テーセウスは別として、そうした事実は、歴史的に実際にあったかと想定されます。いろんな種族がつぎつぎと北から南下してギリシア半島を荒らした時代も、アテナイの地方は突き出た半島部にあるため、比較的安穏で、乱されることが少なかったようです。

ですから、アテナイの市民は、その古さと、むかしから定住していることとを誇りとしていました。この変化の少なかったことが、あるいはギリシア神話の世界で、アテナイを特殊な、他とわりあいに関連の少ない立場に、いわば置いてきぼりにしたともいえます。

き立てようとする努力の現われとされなければなりません。

もっぱらアテナイ出身のギリシア悲劇詩人によって、テーセウスは、いろいろと得な役割を与えられています。あるいは盲人になったテーバイの前王オイディプスをかばったり、狂乱したヘラクレスの凶行のあとしまつをしてやったり……。

しかもそれらも、もちろん史実ではなく、詩人たちの愛国心、自分の市の代表的英雄を引

Ⅲ　スフィンクスのなぞ

ギリシア人が求めた英雄の末路

ヘラクレスもテーセウスも、それぞれ特色のあるギリシアの英雄でした。このギリシアの英雄たちについていわれる一つの大きな特質は、いずれもその最後が、一般的に見て幸福ではない、ということです。

ヘラクレスは、その奔放な性格のゆえに、心の優しい妻からも誤解？　されて、猛毒に侵され、そのためにみずから焼死します。テーセウスも、一生をそのために尽くしたアテナイの市民たちからかえって飽きられ、追放され、流浪の身を海中の小島にとじこめて、わびしい終わりを迎えます。それが史実ではないにしても、ギリシア人が、英雄の最期として、かくあるべしと求めたものが、こうした形だったのは、争えない事実です。

古いギリシアの格言、それはデルポイのアポロンの神殿のとびらに刻まれた、と伝えられるものに、「なにごとも過度にするな」と、「なんじ自身を知れ」との二つがあります。ホメロスの中でも、永遠に存在し、つねに幸福である神々に対して、人間は「死ぬべきもの」「あすを知らぬみじめな存在」といわれます。「人間としての分を忘れるな」とは、詩人のつねにくり返したことばでした。

英雄は常人にこえた力量・才能・分別をもち、半神とさえときに呼ばれますが、人間をこえるものではありません。

暗い因縁にまとわれたオイディプス

ヘロドトスなどで基調となっている「ねたみ深い神」という考え方が、どのくらい一般的かは別としても、人間のぶんざいをこえることへの恐れは、つねにその胸中に潜在していたと思われます。

英雄の一生が、ともすれば不幸に満ち、その終わりがよくないのは、そうした意識の反映とも見られる一方、あるいは英雄というものの本質を、深く見抜いていたためかもしれません。英雄はつねに孤独であり、常人に理解されず、その身をいつかもてあますでしょう。バビロンのギルガメシュもそうでしたし、つぎに述べるオイディプスも、その例に漏れません。

前二者とは、かなり趣のちがった英雄オイディプスは、その英語読みイディパス、あるいはエディプス（コンプレクスなど）などの形で広く知られています。年代からいうと、ギリシアの伝説では、トロイアの戦役より二世代ほどまえで、ヘラクレス・テーセウスらより、少々古いことになります。

アテナイのあるアッティカ地方の西北に続くボイオティア州は、古くから開けて物産に富み、先史時代に勢威をふるった地方でしたが、その主都テーバイに君臨する古い王家ラブダコスの一族が、オイディプスの属する家がらでした。

しかしその生まれは、はじめから暗い因縁にまとわれたものでした。つまり、父の王ライオスが、こんど生まれる子は、きっと将来父を殺し、母と結婚するものとなろう、という予言を恐れて、生まれた子のしまつを命じたのです。しかし母のイオカステーは、さすがにすぐと死なせるに忍びず、従者に命じて山中に捨てさせました。

父王を死にいたらせ、母を妻とする

その子は幸か不幸か、牧人に拾われ、隣国コリントスの王ポリュボスのところで成人しました。それが「ふくれ足」のオイディプスです。ところがわけがあってデルポイの神託を尋ねたところ、家に帰れば父を殺し母と結婚するであろう、とありました。

オイディプスは仰天し、都を離れ山中を迷ううち、いつかテーバイ近郊の山間に来て、車に乗った老人（父王）に出会い、道争いからこれを谷間に突き落とします。

当時、テーバイの町はずれの丘の上に、スフィンクスという怪物が出て、行人になぞをもちかけ、解けないばあいは殺すのでした。その姿は、頭は人間、からだはしし、尾はへびとなっており、翼をもったのがふつうの形相です。これはエジプトなどで、墓前や寺院の入り口に置かれ、だいたいは善良な守護の霊物なのですが、ギリシアでは、その形の怪異さから、非人間的なものとみなされたのでしょう。

またそのなぞというのは、朝は四本の足、昼間は二本、晩は三本の足をもつ生物はなに

ギュスターヴ・モロー《オイディプスとスフィンクス》(1864年、メトロポリタン美術館、ニューヨーク)

か、というので、困惑したテーバイの当局者は、ちょうど王も失踪したあとだったため、これを退治したものは、王位にのぼらせ、前王妃を妻とさせる、とふれを出させました。

山を出て、やがてテーバイの都へ着いたオイディプスは、難なくそのなぞを解くと、スフインクスは自分から谷底へからだを投じて死んだ、といわれます。かれが続いて王位につき、王妃を妻としたことは、いうまでもありません。こうして予言は、二つとも実現されたのでした。

運命に苦しみ運命をこえる

それからかれこれ二〇年近く、平和にかつ賢明にテーバイを治めてきた王は、流行病の来襲に悩まされ、神託をうかがいます。そして先王殺害の下手人を捜し出せと命ぜられ、これに熱中した結果は、自分がそれと判明、恐ろしさと悲しさとで、みずから盲目となって放浪の旅に出るのです。

王妃である母とのあいだにできた四人の子のうち、上のふたりの男の子は、やがてテーバイの王位を争いあい、戦いを起こして互いに刺しちがえて死にます。ふたりの娘のうち、上のアンティゴネーも、死んだ兄をかばって、やがて悲惨な死を遂げます。

そのあいだにオイディプスは、長年の悲惨と労苦とに心身もきよめられ、めしいた身を運んで、ひとりコローノスの暗い森に分け入り、静かな死につき、雷鳴のあいだに昇天するのです。

これがギリシアの大悲劇詩人ソポクレスの作、『オイディプス王』『アンティゴネー』『コローノスのオイディプス』三編の主題をなすものです。

ここでは、予定された暗い運命が、一つの雄々しくもあり、聡明でもあった人間の魂を、押しひしぐかに見えます。しかしオイディプスは、永年の苦悩の末に、自己についての深い認識に達するのです。いかなる運命も、そこではもうかれを屈服させることはできません、かれはそれをこえた存在になっているのですから。

それはちょうど、ヘラクレスが焼死ののちに昇天して神化されたのと、まず同じことを示すともいえましょう。ギリシア語の「ヘーロース」、つまり「英雄《ヒーロー》」は、一方では、死んで神に祭られた人、その人の霊をさすのに用いられます。人間のもつことができるかぎりの、知恵と力とを備えたもの、それはそれゆえに悩みの多い、いわば不幸なものとも見えます。しかし人間の象徴として、ついには神にもいたりえようというのが、ギリシア人の思想だったとも考えられます。

ギリシア人は一般に、権威にやたらに服従せず、自由を尊び、知力と体力をできるだけ伸ばすことを喜びました。それは、ともすれば他人をあなどり、神をないがしろにしがちとなります。ですから、まえの二つの格言は、あるいはむしろギリシア人の、自由さと奔放さと、聡明さの表徴とも認められるものでありましょう。

Ⅳ　白鳥の皇子

ヘラクレスに似かよう日本武尊

ギリシアから目を東洋に転じて、その神話伝説中に代表的な英雄の姿を求めますと、インドの『ラーマーヤナ』の主人公羅摩《ラーマ》王子がこれにあたるでしょう。しかしかれについては、もう第3章の「世界の神話」の中で述べました。

それにギリシアの代表的な英雄、ヘラクレスやテーセウスとちがって、かれを待つのはハッピー＝エンドでした。しかし、英雄の特質の一つはその悲劇性にあるようです。これは、人間の特質を悲劇的なものと認めたギリシア人間学に、その責任があるのかもしれません。不完全でありながら、完全を求め、過失・欠陥・原罪を負いながら、神と楽園とにあこがれるところに、人間の悲劇の本質があるといえましょうか。じゅうぶんな識見なしに、重い責任を負わされた政治家のように。

そこで、日本の伝説を見ますと、そこにはかなりヘラクレスと似かよった姿を示すものとして、日本武尊《やまとたけるのみこと》があります。

その時代は神代とはもういえませんが、まだ史実には遠い時代です。かれの歴史性はきわめて希薄で、一個人の生伝からは、はるかに隔たったものです。いま記紀について、その一端を尋ねてみましょう。

西に東に征旅の果てに病死

それによると、日本武尊は、景行天皇の皇子として生まれ、本名は小碓命《おうすのみこと》で、兄大碓命《おおうすのみこと》と双生児だったといわれます。この点もヘラクレスとよく似ています。

生まれつき勇武で、長じてからは、大和《やまと》朝廷の勢威になびかぬ者どもを討ち平らげるために、南へ北へとつかわされました。まずはじめには南九州の熊襲《くまそ》を征討し、このときは、例の女装で酒宴のあいだに首長を刺し、日本武の称号をすすめられることなどあります。またそのあとでは、東国の平定におもむきます。

日本武尊（一猛斎（歌川）芳虎『武者鑑』、1859年）

その途次、伊勢の神宮に立ち寄り、おばにあたる倭姫命《やまとひめのみこと》から、宝剣叢雲剣《むらくものつるぎ》を授けられ、これをもって駿河国《するがのくに》で賊に囲まれたとき、周囲の草をなぎ払って火難を避けます。さらに相模《さがみ》から上総《かずさ》へ渡る海上では、竜神のいかりを避けるために、妃の弟橘媛《おとたちばなひめ》が身代わりとして、波浪の中に身を沈めるという事件もありました。

皇子はさらに東北の日高見国や、山間の信濃を平定におもむきます。それに成功すると尾張へ帰り、剣を宿にことづけたまま、伊吹山の賊を平らげに行き、そこで山中の毒気を受けて熱病にかかり、ついに伊勢の能褒野《のぼの》でなくなります。そして人はそのとき、皇子を葬った墓のあたりから、白い鳥が空高く舞い上がり、東をさして飛んでいくのを見た、と伝えています。

ギリシア人に似た上代日本人の理想像

景行天皇の次代は成務天皇で、その生母はやはり皇后ながら尊《みこと》とはちがう、八坂入媛《やさかいりひめ》でした。そしてそのあとに、日本武尊の王子とされる仲哀天皇が立ちます。それからのちの皇統は、いわば日本武尊の子孫ということになりますが、この点も、悲惨な死を遂げながらも、ヘラクレスの子孫が、あとではドーリス系国家の君主と仰がれるのと、趣を同じくします。

しかし仲哀天皇の生母は、弟橘媛ではなく、皇子にはほかにも交渉をもった女性も多かったようで、この点でも色好みと聞こえたヘラクレスと並行します。しかし、いわゆる「英雄色を好む」ということわざどおりか、これはおそらく上代人たちの、一種の理想像だった、とでもいえばいいのかもしれません。

いかにも、大国主命《おおくにぬしのみこと》も、つぎに述べる素戔嗚尊《すさのおのみこと》も、また隣国中国の史伝にも、一般に古代日本の「紳士」たちは、たいてい三、四人の妻妾をもつ、としるされていますので。

日本武尊の特性は、しかしながら、その一生を天皇から命じられた仕事のために、東奔西走に費やし、しかもその功を報いられずに、中途で不幸な死によって一生をとじる、という点にありましょう。その資質がすぐれ、努力家で、ひたむきであり、そのひととなりが好ましく善良であればあるだけ、またその武勇と知略とが卓越していればいるだけ、その悲劇性は大きなものとなります。

この点も、ヘラクレスと相通じるので、尊を理想像としてつくりあげた記紀万葉の上代人は、おそらく古典ギリシア時代の人々と、ひじょうに近接した人生観と心理像とをもっていたと考えられます。

はっきりちがう一つの性格

日本武尊の事績は、もともとその時代、つまり紀元三、四世紀の日本としては、広大にすぎます。おそらく何人もの武将の仕事、しかも後世の仕事までが、ひとりの上に重ねられ、大和朝廷のつかわした武勇《たける》の将軍、という名で重ね写しされたもの、と見てさしつかえないでしょう。

熊襲でのできごとも、焼津《やいず》での事件も、あるいは弟橘媛の入水も、説話的な要素が濃厚です。これはヘラクレスにも見られることです。そしてこれらの中には、草薙剣《くさなぎのつるぎ》の由来伝説

尾形月耕《日本武尊と草薙剣》
(1887年、ボストン美術館)

や、白鳥塚のいわれなどが、混在しています。霊魂が白鳥として空を飛ぶ、という考え方は、広く西方にもうかがわれる思想で、死んで鳥に変わったという伝説は、古代ギリシアにも多数認められます。

ただ一つ日本武尊とちがう、ヘラクレスの特異な点は、かれが同時にしばしば喜劇の主人公ともされる、その性情や行為に見えるユーモアやおかしみです。日本武尊がひたすらに雄々しく、高貴なのに比べ、ヘラクレスは間抜けたところ、下卑《げび》たところさえもたされています。

これはひっきょう古典ギリシアのもつ市民性のおかげで、その喜劇によく現われるひわいさや、とんきょうさと共通するとも思われます。

V　さかはぎの駒

特異な人物素戔嗚尊

日本武尊のほかに、日本神話の世界で、英雄と呼べる可能性を尋ねていくと、これはいささかぼんやりした映像ながら、いろんな点で注目に値するものとして、素戔嗚尊が浮かんできます。次章「日本の神話」にはさきだちますが、その正統にはずれる特異な一人物として、尊の行跡を調べてみましょう。

尊は周知のとおりに、天照《あまてらす》大神《おおみかみ》・月読尊《つきよみのみこと》といっしょに、伊弉諾《いざなぎ》・伊弉冉《いざなみ》両尊の子として、その国土形成の最後の段に現われます。

父の尊が鼻を洗ったおり生まれたというので、あるいは風神・空神の性を備えるかとも思われますが、生まれつき粗暴な質で、父尊から、根国《ねのくに》へ行けといわれ、泣き叫んで大騒ぎを引き起こし、とどのつまり、われは妣《はは》伊弉冉のいます根堅洲国《ねのかたすくに》へまかる、というので、姉天照大神にいとまごいをするために出かけます。

そしていちおう誠意を披瀝して受け入れられると、たちまちやんちゃ性を発揮して乱暴を始め出し、畑を埋めたりみぞをこわしたり、織屋の天井から天の斑駒《まだらごま》をさかはぎにして投げこむというしまつです。

上代社会を示すその行動

そこで立腹された天照大神が天《あめ》の岩戸《いわと》に隠れて天下は闇となります。これは天宇受売命《あめのうずめのみこと》のおかしな踊りで救われましたが、諸神の合議で、素戔嗚尊は財産没収やひげ切りなどの刑にあって追放され、結局、出雲（ここが根国の代わり？）へくだって、八岐《やまた》の大蛇《おろち》退治の段になります。

この天上（畑や織屋などあって地上らしい）での乱暴以下の一齣《せつ》は、日本上代社会のあり方を示すもので、おそらく日食の騒ぎや、年の祭りの儀式を説明する説話のようです。これを太陽や、その象徴である天皇の、鎮魂祭とみるのも妥当かもしれません。あるいは一一月の年霊祭で、ちょうどギリシアのテスモポリア祭と似る可能性もないではない、といえます。

ともかく出雲での尊の行動は、まるで別人のように賢く、かつまた積極的で、酒がめを並べて大蛇を誘い、いけにえになるはずの奇稲田姫《くしなだひめ》を救い出します。この毎年大蛇が来て、いけにえの娘を取っていくのを、肥後《ひご》〔和男《かずお》〕博士は、地霊である蛇神と処女との結婚を示すものとし、豊饒祈念の行事に出る、と解釈されます。そしてこれがあとから修正されて、大蛇が退治されることになったわけで、したがって娘と結婚する素戔嗚尊は、結局大蛇と同じく、地霊の転化にほかならないことになります。

引き続いて根国に住まう

一方、大蛇を、八つの谷にあふれ、稲田をそこなう洪水の表象と見、その奇稲田姫の両親たる手名椎《てなづち》・足名椎（つちとは神霊の義）は、人間の手足の労力と解する説明もうなずけます。おそらくもとは大蛇と娘だったのが、八岐の大蛇と奇稲田姫に進展したので、このあいだに、解釈者、つまり神話作者の見方の変化があったとも考えられます。

これでは、英雄としての素戔鳴尊が浮き上がってしまうのは残念ですが、尊は続いて根国（こんどは地下らしく）に居住していたようで、次章の大国主命の話でも、根国の君にふさわしく、恐ろしい物怪《もののけ》どもの主人として、また現われます。素戔鳴尊には、こうしたいろんな面や様相が、統一されないまま、つけあわされているようです。

おそらく古代物語作者の幻想は、なにかあらあらしいものを求め、不協和音を慕って、きれぎれな断想を一つの名に集めたのでしょう、幽冥界にふさわしくおぼろな姿に。

第8章　日本の神話

大仙陵古墳（仁徳天皇陵）

I　よみがえり

史実とはちがう神話の深い意味

日本の神話や神話に近い伝説は、かつての時代、ことに大戦中などは、それらが確実な歴史のように扱われ、これを非議することも許されませんでした。その反動として戦後には、こんどはこれをまったくたあいもないつくりごととし、いちがいにこれを見くだして無価値のもののように考える人たちも相当にありましたし、あるいはいまもあるようです。

しかしこの両方ともまちがっていることは、いうまでもありません。神話は神話として価値があり、その価値はまた、きわめて大きく、深いものと考えられます。一方、神話は歴史とかならずしも無関係ではなく、ことに内的には、きわめて深い関連をもっていますが、それは科学的な史実とは、またまったくちがうものであるのも、いうまでもないことです。

ギリシアの神話でも、トロイアという城下町がかつては栄え、それが攻め落とされ、焼き払われたというのは、史実に近いことでした。シュリーマンの発掘は、それを証拠だてました。しかしそこにアガメムノンという大将がいたか、また この戦いの原因が、ヘレネーという女性にかかわっていたか、それははなはだ疑わしいことです。

さらにその戦いに天上からおおぜいの神々が降りてきて加わったとか、あるいはその遠因が三人の女神の争いに出ていたとかいうことになると、最大限で比喩的にしか解釈されません。

その要素は山間辺地に散在

日本の神話もかなりこれに近いものですが、一方こう見ると、詩人や文学者の空想が、ギリシアのばあいほど加わっていない、と見られます。もっと素朴で、ういういしいところがあります。そしてさらに民族の宗教、あるいは信仰に直接のつながりがあります。もともと神話の母胎は、民間信仰と習俗で、これが一種の民族的な理想や美意識、文学の要素をも加えて、つまりこういうものによってまとめあげられ、まだ集団的な性格の消えうせない時代につくりあげられたものといえます。ギリシアのばあいでは、これがかなりに個人的な、文学発展の時期までも継続されました。

しかしその本拠は超個人的な性格のもので、したがってギリシア神話の生地はむしろ、のちのローマ時代に、地方を巡歴して民間伝承を拾って歩いた、パウサニアスという人の旅行記などにうかがわれます。

日本の神話も同様で、これをつくりあげていたいろいろな要素は、ごく最近まで地方、ことに辺地の山間などに、伝承としてむかしから伝えたところに認められます。そこに神話の性格も、その深く広い根底もうかがわれるというものです。

はじまりは伊弉諾・伊弉冉から

ところで日本神話の大本をつくっているのは、いずれも紀元八世紀のはじめに編集されたと考えられる『古事記』と『日本書紀』との両書です。そこに示されているこの世界のはじめの姿は、たぶんに記紀編集者、またはこれに近いものの、つくりごとらしく考えられ、国常立尊《くにとこたちのかみ》とか、天之御中主神《あめのみなかぬしのみこと》とかいうのは、天地開闢のさいに現われるには抽象的、観念的すぎ、むしろ神学的で、ほんとうの神話の姿らしくありません。ですから、これを中国からの借り物と見る学者があるのも、怪しむに足りないことです。

つまり神話としての日本神話のはじまりは、結局、伊弉諾《いざなぎ》と伊弉冉《いざなみ》の両神からで、この配偶神の国生みによって、日本の国土が生まれ出た、というのが、その要旨と見られます。

このあたりから、日本古来の原始的な宗教思想や民俗習慣が入りまじって、いろいろなあやを織りなしますが、国々島々から山や川、木や草、海や港の神々など多くの神を生んだあげく、伊弉冉尊《いざなみのみこと》は、火の神軻遇突智《かぐつち》を産んでやけどをし、そのためついに現世を去り、冥界へおもむきます。

そこで伊弉諾尊《いざなぎのみこと》が、なくなった妃神を慕って夜見《よみ》の国へ行き、現世へ帰るようにと懇願します。

西川祐信《伊弉諾と伊弉冉》（18世紀、メトロポリタン美術館、ニューヨーク）

死後の世界はやはり地下に

ところが妃神は、もう、「黄泉《よもつ》戸《へ》喫《ぐい》」、つまり冥界の家で食事をしたからもどれないが、ともかく冥神に相談しよう、といって中に隠れます。待ちかねた夫神がそれをのぞくと、妃神は腐れただれた姿で横たわり、雷神たちがこれに取りついているので、驚いて逃げ帰ります。

それをおこった妃神伊弉冉が追いかけ、黄泉《よもつ》平《ひら》坂《さか》での対談となり、人間の生死が説明される、というわけです。

この冥界での食事が、妨げになるというのは、先のギリシア神話でペルセポネーのくだりにも見え、一般的には、食事ということが共同のつながりを生む、一種の呪術的な意義にかかわり、近代の親分・子分の世界にまで及んでいます。

一方、冥界から生き返るという話も、広く世界じゅうに認められ、ことにギリシア神話ではオルペウスやプローテシラオスの哀切な物語を生んでいますが、よみがえりということばそのものが、冥界、すなわち夜見《よみ》といわれる、死の世界からもどること、と解されます。

またこの黄泉平坂にも、いろんな地名の考証があるものの、むかしから深い穴や洞窟などは、よく冥界への通路と見られたので、ことに石灰岩質の山が多いギリシアでは、ほうぼうに地下界への門（ピュロス）と呼ばれるほら穴が存在しました。

あるいは古墳の平穴をさすとも想像されますが、ともかく日本でもギリシアと同じように、死後の世界は地下にあるものとする考え方もあったのを示して、興味深いことと思われます。

II　日の御子

卑弥呼と呼ばれた強力な女王

古代の日本の歴史、草創のころの経過はよくわかりません。記紀の叙述は、数百年ものちのことですし、記録、つまり文字が用いられたかどうかもすこぶる疑問であり、それに作為性も確かに認められ、史実として容易に信じがたいところです。

しかし、そのころの中国には、日本列島に関する記事が若干認められ、それがどの程度の確かなものであるかは問題ですが、とにかく、当時の状況を記述したものがほかにないし、全然の空想やつくりごとではないはずですから、その中には若干の真実が含まれているにちがいない、と推定されるわけです。

それは後漢時代から三国の魏を経て、六朝の宋（紀元一世紀—五世紀）に及ぶ時代の中国側の記事で、ことに『魏志《ぎし》』に現われる邪馬台国《やまたいこく》とその女王卑弥呼《ひみこ》のこと、および、『宋書・夷蛮伝』にある、讃《さん》から武《ぶ》にいたる五代の倭王《わおう》が中国に朝貢していた、という叙述です。

『魏志』のほうは紀元二世紀の後半から三世紀の中ごろの話で、倭国が乱れ、卑弥呼という女王の即位によって治まったこと、その国情、ついでその死後また国が乱れ、ふたたび女王の即位でこれが収拾されたことなどが述べられています。

この倭国ないし邪馬台国が、日本のどのへんにあったか、卑弥呼というのは、もし記紀に現われる女王とすれば、そのだれにあたるか、というのは日本古代史の問題で、いまだに定説を見ていません。

広く認められていた女性の力

邪馬台国が、九州の北辺だけを領する豪族のことにしては大がかりすぎるのと、記紀に伝えるところが、かなりこれらの叙述に合致する点もあるため、これを日本全体、つまり大和朝廷に関する記事と見る学者も多いようです。

卑弥呼は姫子か日御子か。彼女は、「鬼道をよくして衆をまどわす」とされ、つまり神前に祭事を行ない、呪術に長じて、広く人望を得ていたものと解されます。

いったいに古代社会では、まえにも述べたように祭政一致で、国王は最高の祭司であり、宗教は社会体制の根本をなすものでした。ギリシアでもエジプトでも、中国でも古いところは、そう認められます。日本では特殊な事情からこの情勢がずっとのちにも及び、国王家は政治の実権を失ったのちも、宗教的な元首として広く認められ仰がれていました。

卑弥呼のばあいに認められるもう一つの意義は、いつも国家の乱れたさいに女王が選ばれることです。女性の、ことに祭事あるいは呪術的な能力が広く認められていたことです。これは古代から中世日本で、皇室出身の女性が、とくに威権の大きな神社には斎主として派遣されたり、また一般に巫女というものが、広い機能をもち、崇敬を得ていたことからも察せられます。

古代社会はいちめんでかなりに母系家族社会的な様相を示し、女性の力が、ことに宗教的な能力が、広く認められていたようです。

天照大神という名まえの由来

もしも卑弥呼が大和朝廷の統治者のひとりだったとすれば、それが記紀のだれに該当するかはわかりません。ただ卑弥呼というのは、たぶん日の御子らしく、わが国の、太陽神崇拝の一相を示すように考えられる、ということはいえます。

日本の皇祖は天照皇太神とされていますが、これはもちろん実名ではありません。あるいはむしろ単に王家が、太陽のように勢威さかんな神霊の代表者、代理者である女性の末であることを述べるものであろう、と思われます。それは卑弥呼のような、呪術をこころえ、大衆をも左右する能力をもった女祭司にちがいありません。

しかし卑弥呼は、天照大神《あまてらすおおみかみ》とは時代的にもあとですし、天照大神はどこまでも神話的な存在でしょう。その名の抽象性、非具体性は、これをとり囲む神話をも、比喩的なものと化しがちです。それは民間説話や習俗を起源的に説明しようという試みに出るものかもしれません。

太陽神崇拝は、ペルーや古代エジプトや、あるいは地中海への一部、たとえばロドス島や、コリントス市の古い層には強く認められましたが、特別に古代日本にいちじるしく認められるということはありません。

むしろ実際は、太陽の灼光やその恵み、広大な威勢を、天照大神の名に比喩的に用いた、というほうが正しそうです。

Ⅲ　海幸彦と山幸彦

兄の統治権を奪い取る弟

日本の神代史、あるいは建国伝説は、天照大神から天忍穂耳尊《あめのおしほみみのみこと》を経て、日子番能邇邇芸《ひこほのににぎ》命《みこと》にいたり、高天原《たかまがはら》から、葦原の中つ国にくだって、ここに国家というものが現実化されます。神道神学からいうと、瓊瓊杵尊《ににぎのみこと》の生母は、高皇産霊命《たかみむすびのみこと》で、これは万物生成の原理を神格化したものですから、この命《みこと》はつまり精神的な太陽の光明の原理と、物質的な生成の原理を合わせたかたで、いわば理想的な統治者・指導者というわけでしょう。

瓊瓊杵尊は、大山祇《おおやまつみ》の神吾田津比売《かみあたつひめ》、またの名、木花咲耶姫《このはなさくやひめ》と結婚し、火にちなむ三人の子を設けます。火須勢理《ほすせり》命・火照《ほてり》命・火遠理《ほおり》命がそれですが、火遠理命は書紀では彦火《ひこほ》火出見尊《ほでみのみこと》とされ、別名を山幸彦《やまさちひこ》と呼ばれました。つまり、狩猟をして生活する男というわけです。これに対し、火照命は海幸彦《うみさちひこ》で、漁をして生活する人々を代表します。

ここで話はぐっと民間説話ふうになって、仕事の取り替えっこから、山幸彦はつりばりをなくしてとほうにくれ、塩土老翁《しおつちのおじ》の教えで、海神《わたつかみ》の宮へ行き、海神の娘豊玉姫《とよたまひめ》と結婚すること、それから、たいののどにひっかかっていたつりばりを取り返し、宝物をもらって陸に帰り、やがて兄をこらしめて統治権をわが手に収めることになります。

先住の海洋系に対する北方系の勝利

どこの国の神話にも、説話的要素が、宗教儀礼の説明と重なって、広く取り入れられていることは、先にも述べたとおりですが、この話もその一例で、ことに弟が兄を負かしてあとつぎになる話が根本にあり、そこへ朝廷に帰伏した隼人《はやと》（九州南部の原住民系）の祖を火照命とする伝承が重なって、こんな物語を作りあげたのかもしれません。

またここで、山人（弟）のほうが海人（兄）より優位に立ったという考え方は、あるいは北方系、中国か朝鮮からの天孫民族が、たぶんは南方から渡来して、多少まえから住まって

青木繁《わだつみのいろこの宮》山幸彦と豊玉姫（1907年、アーティゾン美術館、東京）

いた海洋民族と勢力を争って勝ちを占めた事実を伝説として表わすものか、と解されないこともありません。

海に関係の深い住吉《すみよし》や宗像《むなかた》三社などが傍系の神々とされながら、広い崇敬を受けていたのも、日本民族中に南方海洋系のものが、広く深く潜在しているからと思われます。そしてこれらが九州を本拠としているのも、地理上でうなずかれます。

熊襲《くまそ》とか隼人とかいうのが、中心をなした天孫民族とどれぐらいちがうかということには、かなり疑問がもたれます。沖縄人も、九州から南下した日本民族の一分派にちがいないので。おそらく多少とも、部族集団として、風俗や習慣に変わりをもった日本民族の一分派が、敵対するものとして、そう見られたのではないか、と想像されます。

Ⅳ　因幡の白うさぎ

出雲系の中心人物、大国主命

わが国の神話伝説の中で、とりわけ親しみやすく、人間的な性格を示すのは、大国主命《おおくにぬしのみこと》に関するものです。この神はいろんな名まえをもち、大穴牟遅《おおなむち》（大己貴）命《みこと》というのも、「広大な土地の領主」という意味らしく、ほんとうの名まえはわかりませんが、ともかく、いわゆる出雲系神話の中心人物です。

この出雲系神話というのが、そもそもどんな性格のものかということも議論の的ですが、これを天孫系民族と出雲系民族というふうに解釈しようとするのは、いろいろな点から見て、あまり妥当と考えられません。

ともかく、出雲を本拠としたかなりに有力な集団があり、大和朝廷の発展につれ、両者のあいだに緊張が起こり、やがて出雲側の譲歩によってこれが解消し、出雲の神々は天孫系の機構の中に受け入れられ、旧領主家は国造《くにのみやつこ》として、大社の祭司として後代に伝わった、というわけでしょう。

ところで、この大国主命にまつわる伝説には、第一に妻問いの物語（いろいろあって、上代のその様相を知るのにも重要）、第二は、少彦名命《すくなひこなのみこと》と協力しての国づくりの話、第三は国譲りの物語で、第三が大和朝廷にとっていちばん重要な、いわば政治的意義の高いものであるのに対し、第一、第二、ことに第一には民間説話ふうな要素が強く打ち出され、もっともヒューメンで、同時におもしろみも大きいようです。

人情味ゆたかな日本神話の中の傑作

そこでは大国主命はなかなかのドン＝ファンとして表わされ、ほうぼうの美しい女性に求愛して成功するように見えますが、おそらくそれはいくつもの類似した話が、ひとりの上に積み重ねられたものと推察されます。もっとも上代日本でも、貴人は何人かの女性と交渉を

大国主命と泣いているうさぎ（国観による『少年日本歴史読本　第二編　大国主神』の挿絵、1911年）

もつのをつねとしたらしく、『魏志倭人《ぎしわじん》伝《でん》』にも通例四、五婦とありますから、怪しむにはあたらないかもしれません。

この『因幡《いなば》の白うさぎ』も、因幡に住む八上比売《やかみひめ》という少女を妻問いに、きょうだいたちと出かけたさいの話になっています。八十神《やそがみ》、つまりひじょうにおおぜいのきょうだいの競争者からばかにされ、いじめられて、大きな荷物をせおいながら浜べを行くと、裸のうさぎに会う。わにをだまして隠岐島から渡ってきたのが、最後にばれ、毛皮をはがれて泣いている。それを見てがまの穂を敷いて寝かせる例の話は、まことに人情味もあり、素朴でもあり、日本神話中での傑作といえます。

この説話の本《もと》は、やはり末子が勝ちを得る、というタイプではありますが、この皮をはがれたうさぎと似た話は、南洋などにもあるそうで、日本独特のものとかぎらず、むしろその語り口に、国ぶりの美しい情愛が認められる、と申せましょう。

国づくりに成功し、実り多いまつりごと

ともかく大国主命は、他のきょうだいたちをしりめに八上比売への求愛に成功したため、かえってみなからねたみ憎まれ、いろいろひどい目にあいます。そしてこれを避けるため、根国《ねのくに》へ行って、祖先（父とも、五世・六世の祖とも）にあたる素戔嗚尊《すさのおのみこと》のもとを訪れ、尊の娘須勢理比売《すせりひめ》の愛情をも獲得してしまいます。

そして他国の説話にも見られるような、へびやありなどの助力と姫の協力のもとに、すべての試練に堪え、根国を姫とともに脱出、とうとう素戔嗚尊の祝福をまで受けて帰還します。

この根国というのは、地下の冥界ともいわれますが、おそらくここでは、『アリス物語』にある、鏡の中の国のように、一種の無何有郷《むかうのさと》をさすのではないでしょうか。またこの脱出物語には、ギリシアのアルゴー遠征記中の、イアソンとメーデイアが、魔術によって父王の追跡をのがれる話など似かようところがあり、世界に広く認められる一つのタイプと考えられます。

ともかく、大国主命はそののちも国づくりに成功、ゆたかに実りの多いまつりごとを続けていったようで、七福神の大黒さまも、かれの姿を模したものといわれていますし、出雲の大社祭神としては、後世まで世人の崇敬を広く受けました。かれを史上の一人物とはいえな

いでしょうが、日本の神話にとりわけ異彩を放つペルソナ（存在様式）の一つなのは疑いをいれません。

V 金色の鶏

日向時代から大和時代へ

話をもとにもどして、日向の高千穂峰に降臨したといわれる瓊瓊杵尊からあとは、前述の彦火々出見尊や、さらに尊と海神の娘、豊玉姫とのあいだに生まれた鸕鷀草葺不合尊《うがやふきあえずのみこと》を経て、神日本磐余彦尊《かむやまといわれひこのみこと》、すなわち神武天皇となります。

このへんのところは、ひじょうにあいまいで議論も多く、だいたいにおいて抽象的で実質的な厚みがなく、ちょうどギリシアのヘラクレスとか、テーセウスとかいう英雄の先祖などと同様、民間説話や儀軌《ぎき》などに基づく伝承を、さらに水増しして引き伸ばしたものらしく思われます。

鸕鷀草葺不合尊《うがやふきあえずのみこと》などという名称も、まことに非実質的、おとぎばなし的なもので、おそらくその母の豊玉姫は、その妹で、尊自身の妃になったという玉依姫《たまよりひめ》と同一人と認められ、したがって尊の影は、きわめて薄いものになります。つまり磐余彦尊と同一人物になるわけです。

上代史の日向時代はここで終わり、磐余彦尊は東征して大和にはいり、橿原《かしわら》で即位し、神武天皇となりますが、この贈り名はもちろんずっと後代に漢ふうをまねてつけたもので、さらに即位というのも、おそらく中国の故事にならったものと考えられます。

神代史に異彩を放つ大和入り

このおりに、大和入りにさいしていろいろな艱難に出会ったこと、尊《みこと》の兄が戦病死すること、大和でのできごとなどは、神代史でも異彩を放つ一くさりで、金色《こんじき》の鵄《とび》がきて尊の弓の上に止まり、負けかけた味方を元気づけ、敵軍をおびえさした、というのは、ローマ史中のコンスタンティノス大帝とわしの話によく似ています。

神武天皇（月岡芳年『大日本名将鑑』、1880年）

わしは元来ゼウス大神の使い鳥ですが、鵄もあるいはなにかのトーテム的意味をもっていたかもしれません。このさい、抵抗する先住民側の首長が穴居していたというのも、文化の低さを示すだけで、はたして人種学上の問題かどうかは疑わしいようです。

また日向でのことにまったく実質性が認められないのは、学者にこれをつくりごとと論じさせる原因になっていますが、どうして日向がここに持ち出されたかは、まえの出雲の問題と同じく、神代研究の一課題として残るでしょう。また東征のさい、西側からの大和入りが成功せず、東南の熊野からやっと遂行できたというのは、おそらく後代にも顕著な、海人の根拠地としての熊野の重要性、また古代宗教史上に現われる熊野神社を注目させる点で、ある目的意識から選ばれた筋書きと思われます。

それで、もし皇室の祖先が九州から東上して大和にはいったのが事実とすれば（反対説ももちろんあります）、おそらく海人たちの援護のもとに（北九州のほうが有力）行なわれたので、熊野へんからはいったか、とも有力に推定されましょう。しかしこのへんは、トロイア戦役と同じく、いつのこと、だれのこととも断定しがたいものです。

神話時代の終わりを告げる倭姫命

神武天皇から一〇代めに御間城《みまき》入彦《いりひこ》、つまり崇神天皇が出て、このころからかなり歴史性が強くなります。崇神天皇はまた御肇国天皇《はつくにしろすめらみこと》と呼ばれ、実際に広い地域をはじめて統括しているので、建国の君主といわれてよいのは、むしろこの天皇ではないか、とも論じられています。つまり神武天皇とは、この天皇をずっとむかしに投影して、こしらえあげたもの、というわけです。

この時代に、倭姫命による伊勢神宮の造営も始まっています。古代宗教国家としての体制は、おそらくここに完成を見たのでしょう。それから六代を経て仁徳天皇となると、その広大な御陵が、いまも大阪府の堺市街に残っています。この天皇、もしくはその前後が、まえにもあげた『宋書・夷蛮伝』（五世紀の初めごろ）の、宋に朝貢した倭王讃《さん》だろうといわれます。

ここで朝貢というのは交易を求めた、というに等しく、ともかくいちおう整備し、余裕のできた国家の話です。日本もはや神話の時代をいちおう脱却して、九州にいたるまでを版図下に収め、歴史の時代にはいったと認められましょう。もっとも記述はなお乏しく、かつあいまいで、伝説や説話のはいりこむ余地は、まだまだじゅうぶんにありましたけれども。

第9章　伝説と史実

シュリーマン

I　トロイア遠征の伝説

前三〇〇〇年代にすでに栄えた都城

以上しばらく日本の神話と歴史との入りまじりを見てきましたが、ほかの国、ことに西洋側のを代表するものとして、ギリシアを例にとり、ここで神話伝説と史実とが、どんなふうな交渉をもち、どんな表現を得ているか、すこし調べてみるとしましょう。

ギリシア神話で、一つの大きな集団をつくっているのは、前節にもときどき出てきたトロイア戦役にまつわる伝説です。

トロイアというのは、アジア大陸のいちばん西の端、小アジア（ちなみに、アジアという名称は、元来いま小アジアと呼ばれている、政治上はトルコ領内の、西岸一帯をさすものでした。この辺はローマ帝国下でも、アシア州と呼ばれた地方で、その名称が広がって、極東までに及ぼされたわけです）、その小アジアのまた西北海岸、やや半島形をなす地域一帯のことで、イーリオス——のちにはイーリオン——という丘上の城町を都としていました。

この城町は伝説にあるとおり、焼き払われて滅びたらしいのですが、もとは栄えて、紀元前三〇〇〇年代にもさかのぼることのできる古い都城で、この事実は、まえに述べたように、シュリーマンの発掘で証明されました。

はかりがたい人間の運命

ギリシア神話で「トロイア戦役」というのは、この町の王子パリスのふらちな行為から、ギリシア勢が、被害者であるスパルタの王メネラーオスを助け、その兄でギリシアじゅうに宗主権をふるう、ミュケーナイの王アガメムノンを総大将とし、一〇万の軍を一〇〇〇隻の船に乗せ、トロイアの浜へ押し寄せた、というものです。

そして一〇年のあいだ、戦いは続き、とうとう城は攻め落とされ（第2章に既出。オデュッセウスの計で、大きな木馬をつくり、中に将卒を隠し、これを城中に引き入れさせて、内外呼応したという話）、トロイアがたの完敗に終わりましたが、ギリシアがたも、勇将アキレウスをはじめ多くの犠牲者を出したといわれます。

トロイアがたの男は皆殺しにされ、女は王妃・王女にいたるまで、あるいはいけにえに、あるいは奴隷とされて、ギリシアに連れ去られます。しかし勝利者のギリシアがたも、とちゅうで水死するもの、難船してオデュッセウスのように一〇年間も帰国のできないもの、あるいは総大将アガメムノンのように、帰国するなり、殺害されるなど、人間の運命ははかりがたい、と歌われています。

先史時代の社会と歴史を物語る

ところで、アガメムノンの居城ミュケーナイも、堅固な城塁と多くの金銀財宝を誇った事実が、これまたシュリーマンの発掘で証明されました。老将ネストルの居城とされた西海岸のピュロスも同様です。ホメロスに「一〇〇の町ある」と歌われたクレーテ島、そのミーノース王の居城や迷宮ラビリンスの跡も、かつてははなやかなエーゲ海文化の中心として栄えたものだったのが、二〇世紀のはじめに、エヴァンズ卿の発掘で実証されました。

ただアキレウスやアガメムノンや、その他の将軍が、実在の、そうした人物だったかどうかは、証明できません。多くの事項は、年代的に不可能だったり、結びつかなかったり、矛盾したりしています。

トロイアがたに味方したゼウスやアポロンなどの神々——これは、小アジアやトラキアで崇拝されていた神々や、市城を守る神霊の変形したものでしょう。ギリシアがたの多くも、後代から逆にさかのぼって引き当てた神々のようです。詩の中で神々が力や知恵を将帥に授けたというのも、現代ならば、にわかに勇気が出たとか、良策を思いついたとかいうところでしょう。

ギリシアの神話伝説でおもしろいのは、それが本来の形では、ずっと古い時代の社会やその変遷、ことに宗教体制の実態を、それとなく示していることです。人はそれによって、先史時代のギリシアの様相だけでなく、その歴史をさえ探り知ることができます。

同様に、装飾や付加物を洗い去ると、どこの国の伝説ないしは神話も、これを生み出した社会や民族の姿、あるいは歴史まで示すものです。伝説の一つの価値はそこにあります。日本の神話も、その点で変わりありません。

II　帰還の物語

一〇年間のオデュッセウスの漂流

ホメロス作として伝えられる叙事詩編は上記の『イーリアス』、つまり「イーリオス（城攻防戦）の歌」のほか、もう一つ『オデュッセイア』、すなわち「オデュッセウスの歌」があります。これは前章に述べたトロイア滅亡後の、ギリシア将帥帰還の物語の一つにはいるものですが、『イーリアス』とは著しく趣を異にし、その成り立ちもひじょうに参考になるので、検討してみましょう。

城下の攻戦に一〇年、帰途の漂流で一〇年、オデュッセウスのこの二〇年間不在のあいだに、故郷のイタケー島には、夫の生死を案ずる妻と、若者においたったむすこテーレマコスがいます。そして夫はもう死んだとして、諸方から求婚者たちが寄り集まって妻ペーネロペイアを苦しめます。

オデュッセウスは、海上を漂い、いろんな冒険をし、奇怪な国々や一つ目鬼や妖女の島を巡り渡り、とうとう帰国してむすこに会い、それらの求婚者たちを皆殺しにします。

このあとの段は、いわゆる不在良人の説話で、類話がたくさんあり、日本にも中世からの百合若大臣の物語がこれとよく似て、ギリシアの話が遠く伝わったのではないか、と考えられたことは、まえに述べました。ふくらみのある柱や、仏像のあるものや、ぶどう唐草模様なども伝わってきているのですから、これは不可能とはかぎりません。

掘り下げられた永遠の人間性

一方、前半の海上漂流の諸国ばなしも、はじめて海を遠く乗り出した時代の、ギリシア人が見聞したこと、遠い国々のうわさばなしを、巧みにつづりあわせたものにちがいありません。そのあいだあいだには、洞窟に住む一つ目鬼や、杖をふるって人間をぶたやおおかみに変える魔女など、説話またおとぎばなし的なものがあります。

しかもこの話は、かなりの年月をかけて、いろいろ練り上げられた末のようです。つまり全部が、ひとりの詩人の創案といわれるものではありません。いろんな筋を突き合わせ、巧みにあんばいしてしだいを整え、この物語を完成したのは、ひとりのすぐれた詩人でしょうけれども。

しかしこれは、現代のいろんな文学作品についてもいわれることで、その多くは、以前からある主題を、ちがった様相から、面から、環境において、いろいろな扱い方で、取り上げているものです。

しかも『オデュッセイア』のばあいは、これを一つの永遠的な姿で示しているといえましょう。これはギリシア神話、あるいはその他の神話伝説についても、しばしばいえることです。「ユリッス」とか、「ユリッシーズ」とか、いろいろな国語でこの主人公の名を用い、あるいはローマ文学の雄編『アエネイス』のように、内容的に写したものなど、ホメロスの両詩がともに、後世・現代にまで広い影響力をもっているのは、その形式が、表現様式の卓越さとともに、内容的にも、人間性を深く掘り下げているからです。

III　説話の世界

神話の骨格はいずれも民間説話

いままでいろんな国の神話や伝説を見てきましたが、とりどりの趣を示すうちにも、いくつかの共通した要素があるのに気がつきます。それは第一に民間伝承、ことに民間説話、フォーク＝ロア（伝承をことごとくフォーク＝ロアに入れるばあいもありますが、ここでは構想によるものにかぎり、事実に即する部分は別とします）の要素で、これはどの国、どの民族のばあいでも、その骨格をなすものと考えられます。

文字による伝承のない民族では、ことごとくがこれということができます。説話も、文化的な、歴史的なものにはちがいありませんが、ここではそのあいだの、年月の分別は容易につけられません。

しかし神話伝説とされているものの多く、ことにすぐれたものは、たいていその中に文学的な要素、個人、あるいは個性のある詩人の創作による部分を含んでいます。とりわけギリシア神話には、はっきりした文学者の作品から、その内容も形式も、取り入れられているばあいが少なくありません。もちろん、かれの与えた部分が、その根底においては、また他のフォーク＝ロアから得られた素材であるばあいも多いのですが。

この「文学者」が、民衆のあいだの、無名のひとり、もしくは数人であったばあい、説話なり、まだ無定形の神話なりは、新しい展開を加えていきます。そこに神話や説話の成長が起こります。こうして長い年月のあいだには、いろいろな変化や分派が認められましょう。

中国はなぜ神話の世界が貧弱か

民間説話も、ときには忘れられ、捨てられ、消えうせます。勢いがあり、広大で壮麗だったものが、やせ衰え、収縮し、みすぼらしくもなります。もしギリシア神話が文字に書きしるされず、多くの詩人や劇作家によってとり扱われず、捨てられてあったならば、その国家が滅び、信仰が衰え、民族文化の基盤さえ荒廃に帰したとき、それがどんなみじめな姿となったか、想像にあまるものがありましょう。

隣国の中国の神話伝説には、他の理由からにしても、少なからずその趣があります。紀元前数千年のむかしからすぐれた文化をもち、多くの民衆を擁しながら、その神話は比較的に貧弱です。そこではむしろ膨大な歴史の伝承が、神話や説話的な伝承を、弱化させ希薄化させ、日陰の花にしてしまった趣が見えます。

もちろん、中国にも無数の民間説話がありましょうが、それは体系的な、普遍的な神話体系を形づくるにいたりません。古い時代にかつてはあった、いろいろな興趣に富んだ、または雄大な規模をもつ神話のかずかずも、いまはおぼろな残影を示すにすぎないようです。

もし楔形文字の粘土板がまったく掘り出されず、判読されなかったら、エジプトでもその文字が解明できなかったら、オリエントの古代文明が誇りとする、そのかずかずの神話も、わたしたちの耳目にはいらないまま、葬り去られることになったでしょう。

Ⅳ　神話の永遠性

人間世界の真実の断面を見せる

神話の基礎がこのように説話であることは、その大本が個人的な創作ではなく（たとえあっても、それは上述のように、おおむねその展開や美化や深化で、基本的な構成ではありません）、集団的な、民族や部族の無意識的な、あるいは意識下的な、構想によることを示しています。

民間伝承を民間伝承として、代々《よよ》伝えていくのは、まず口で唱え語り継ぐことです。ときにはかなり文学的なものも、このあいだにまじることがあります。たとえば、琉球の『おもろぞうし』や、フィンランドの『カレワラ』のように。

南ロシアやセルビアやトルキスタンあたりの遊牧民族にも、そうした叙事詩といえるものが、口頭の伝承で守られてきた事実を、ペリーという学者は集録して実証しました。ですから、おそらく古代ギリシアの叙事詩編（『イーリアス』や『オデュッセイア』）も、もとはそうした口唱詩だったにちがいない、というのです。

一方、説話も文字に書き写され、したがっていちおう固定化されるばあいも少なくありません。たとえば、『イソップ物語』（前三世紀ごろ集録）とか、日本の『竹取物語』（創作もずいぶん加わっていましょうが）や、『今昔物語』などは、その例とされましょう。

これらの説話が人を楽しませ、ときには人を感動させるのは、それが人間世界の真実な一断面を、わたしたちの目のまえに、投げ出して見せてくれるからです。あるいはユーモアやペーソスや、ときには激しいいかりや悲しみをまじえ、多くは無感動の状態で——。

それが示す人間そのもののあり方

神話においては、まずこの性格が宗教的なものと結びつきますが、それは第一に古代社会では、社会的な体制としての宗教です。あるいはすべてが、宗教といえるでしょう。したがって神話は、古代あるいは原始社会における人間生活のあり方やその基礎的な理念から、深化されたものでは、人間そのもののあり方、本質に迫ろうとします。その倫理や習俗、おきてや法などの、根本理念が鋭い検討を受けます。

これは神話の伝承のあいだに、深い英知をもった人、ここでは多く文学者が加わったばあいに、とりわけよく見られます、もちろん民衆の知恵から出ることも多いですが。たとえばいろいろなギリシア神話が持つ迫力、鋭い詰問や判断は、しばしばこれに基づいています。オイディプス王の物語や、プロメーテウスの話のように——。

その永遠性も、実にこれに起源するので、神話がくり返し取り上げられ、掘り下げられる理由は、そこに認められましょう。そしてつねに、またいつまでも、それは多くの人の愛読を受け、感動を呼び起こしていくのです。

V　神話と現代

人物の名まえや主題の利用

では最後に、このような神話が現代どのように扱われているか。神話はまたどんな意義を現代に対してもっているか。それを考えてみましょう。

そのもっとも表面的な利用法は、そこに出てくる人物や神の名や、その他のことがらを、単になにかの引っかかりで、ものの名まえに、いわばだしに、使うことです。

ギリシアの神々の名、たとえば、アポロンとかヘルメスとかアテーナとか、ローマふうにしてミネルヴァ・フォーヌ・マーキュリー・ジュピターなどが、近ごろは人工衛星や原子弾名などに、アトラスやネプチューンなど、また船名や機械やいろいろなものに使われています。もう少し古く、また多少とも内容的には、金鵄《きんし》勲章とか、外国のトアゾン＝ドール（金羊毛）勲章などもこのうちでしょう。

また美術や文学作品に、神話や説話からの取材が多いのは、いうまでもありません。ヨーロッパでは、ギリシア・ラテンの古典神話がことに多く用いられ、その知識がないと、興味は半減されるでしょう。

ボッティチェリ《春》（1480年頃、ウフィツィ美術館、フィレンツェ）

ヘラクレスの彫像や、プラクシテレス作のヘルメス、あるいは大英博物館のデーメーテル女神像、三体の優雅の女神たち（ボッティチェリなど）、クピードとプシケーの像などでも。

「現代の神話」とはなにか

神話の解釈にも、これを当世ふうに、世間ふだんのことと解しようとする、いわゆるエウヘメリズム Euhemerism は、古くからの流行でした。八岐《やまた》の大蛇《おろち》というのは八人の山賊の首領だ、などというのは、これに近いといえます。

神話の心理学的な解釈、あるいは民族学的な解説法も、広く用いられます。また先の例にも知られるように、民族学・民間説話の重なりとして、これを解明しようという努力もきわめて盛んです。

しかし神話が神話であるのは、それら以上のものをもっているからにちがいありません。そこには民衆の、ときにはこれと協力しての詩人の、深い英知と誤たない審美感とが、つくろわず飾らずに織りこまれ、またはその真髄をなしているばあいが多いと思われます。

そしてこれこそ実に、神話がくり返して味わわれ、取り上げられ、作り変えられ、これを土台に、または標題とする作品に生まれ変わる理由でしょう。いわば神話は、人生のあり方を、永遠の相下に提示するともいわれましょう。

また現代の神話、というような表現も、ときに見られます。なにかあるふしぎな、つまり容易に明らかにしがたいような、また異常な要素をもち、無言の圧力を読者の心理に及ぼすような主題をさしてそういうようです。現代も、案外多くのそうした要素を、内に包合しているのかもしれません。

マ行

ヤ行

ラ行

ワ行

タ行

ナ行

サ行

カ行

索　引

ア行

KODANSHA

本書の原本は、一九六五年に講談社現代新書『入門・世界の神話』として小社より刊行されました。〔　〕内は編集部による補いを示します。

呉　茂一（くれ　しげいち）

1897-1977年。東京帝国大学英文科卒業後，オックスフォード大学，ウィーン大学で西洋古典学を専攻。東京大学教授，名古屋大学教授，ローマ日本文化会館館長を歴任。著書に『ギリシア神話』，訳書に『イーリアス』，『オデュッセイアー』，『ギリシア抒情詩選』ほか多数。

講談社学術文庫

定価はカバーに表示してあります。

世界《せかい》の神話《しんわ》入門《にゅうもん》

呉《くれ》　茂一《しげいち》

2021年7月13日　第1刷発行

発行者　鈴木章一
発行所　株式会社講談社
　東京都文京区音羽 2-12-21 〒112-8001
　電話　編集（03）5395-3512
　　　　販売（03）5395-4415
　　　　業務（03）5395-3615
装　幀　蟹江征治
印　刷　株式会社廣済堂
製　本　株式会社国宝社
本文データ制作　講談社デジタル製作

ISBN978-4-06-524255-1

「講談社学術文庫」の刊行に当たって

これは、学術をポケットに入れることをモットーとして生まれた文庫である。学術は少年の心を養い、成年の心を満たす。その学術がポケットにはいる形で、万人のものになることは、生涯教育をうたう現代の理想である。

こうした考え方は、学術を巨大な城のように見る世間の常識に反するかもしれない。また、一部の人たちからは、学術の権威をおとすものと非難されるかもしれない。しかし、それはいずれも学術の新しい在り方を解しないものといわざるをえない。

学術は、まず魔術への挑戦から始まった。やがて、いわゆる常識をつぎつぎに改めていった。学術の権威は、幾百年、幾千年にわたる、苦しい戦いの成果である。こうしてきずきあげられた城が、一見して近づきがたいものにうつるのは、そのためである。しかし、学術の権威を、その形の上だけで判断してはならない。その生成のあとをかえりみれば、その根は常に人々の生活の中にあった。学術が大きな力たりうるのはそのためであって、生活をはなれた学術は、どこにもない。

開かれた社会といわれる現代にとって、これはまったく自明である。生活と学術との間に、もし距離があるとすれば、何をおいてもこれを埋めねばならない。もしこの距離が形の上の迷信からきているとすれば、その迷信をうち破らねばならぬ。

学術文庫は、内外の迷信を打破し、学術のために新しい天地をひらく意図をもって生まれた。文庫という小さい形と、学術という壮大な城とが、完全に両立するためには、なおいくらかの時を必要とするであろう。しかし、学術をポケットにした社会が、人間の生活にとってより豊かな社会であることは、たしかである。そうした社会の実現のために、文庫の世界に新しいジャンルを加えることができれば幸いである。

一九七六年六月

野間省一

文化人類学・民俗学

精霊の王
中沢新一著／解説・松岡心平

蹴鞠名人・藤原成通、金春禅竹の秘伝書『明宿集』。中世の技芸者たちが密かに敬愛した宿神とは？ 諏訪で再発見する縄文的なものとは？ 甦る人類普遍の精神史。『石神問答』を超える思考のオデッセイ！

2478

ホモ・ルーデンス 文化のもつ遊びの要素についてのある定義づけの試み
ヨハン・ホイジンガ著／里見元一郎訳

「人間の文化は遊びにおいて、遊びとして、成立し、発展した」――。遊びをめぐる人間活動の本質を探究、「遊びの相の下に」人類の歴史を再構築した人類学の不朽の大古典！ オランダ語版全集からの完訳。

2479

はだかの起原 不適者は生きのびる
島　泰三著

人類はいつ裸になったのか？ 本当に自然淘汰の結果なのか？ 保温・保水に有利な毛皮を失い、圧倒的に不利な裸化がなぜ起こったのか？ 遺伝学・生物学などを参照しつつ、ホモ・サピエンスの起原を探る。

2497

名字の歴史学
奥富敬之著

日本人は、いつから名字を名乗るようになったのか？ 地名、階層、職制、家系など多彩な要素を組み込み、それぞれが何かを表現する名字。「名づけ」の成り立ちとその変遷をたどる考察で日本の歴史を通観する。

2521

神話学入門
松村一男著

西洋の通奏低音として言語、宗教、科学、自然などあらゆる事象と絡み成りたつ「神話」。その伝播と変節の探求の歴史を、マックス・ミュラー、デュメジル、レヴィ＝ストロースら六人の事蹟からたどる。

2537

江戸東京の庶民信仰
長沢利明著

多様な願望が渦巻く大都市にこそ、多彩な民間信仰がある。就職祈願は赤羽に、離婚成就は四谷に、お酒を断つなら虎ノ門。貧乏神から飛行機の神まで、聞き取りと現地調査を尽くした江戸東京の貴重な民俗誌。

2550

杉本秀太郎著
平家物語　無常を聴く
『平家』を読む。それはかすかな物の気配に聴き入ることからはじまる――。「無常」なるものと向きあい、ゆれて定まらぬもの、常ならざるものを、不朽の古典をとおして描く、珠玉のエッセイ。大佛次郎賞受賞作。

1560

バーナード・リーチ著／柳　宗悦訳／水尾比呂志補訳
バーナード・リーチ日本絵日記
イギリス人陶芸家の興趣溢れる心の旅日記。独自の美の世界を創造したリーチ。日本各地を巡り、また、濱田庄司・棟方志功らと交遊を重ね、自らの日本観や芸術観を盛り込み綴る日記。味のある素描を多数掲載。

1569

小林章夫著
イギリス紳士のユーモア
卓抜なユーモアを通して味わう英国人生哲学。山高帽にこうもり傘、悠揚迫らぬ精神から大英帝国を彩るユーモアが生れた。当意即妙、グロテスクなほどブラック、自分を笑う余裕。ユーモアで読む英国流人生哲学。

1605

村井康彦著（解説・熊倉功夫）
千利休
精緻な論証が鮮やかに描き出した茶聖の実像。信長・秀吉との交流、草庵茶湯の大成、そして悲劇的な死――。天下一の宗匠の生涯と思想を究明し、さらに日本文化史における彼の位相をも探る、利休研究の名著。

1639

石川栄作著
ジークフリート伝説　ワーグナー『指環』の源流
ワーグナーの楽劇『ニーベルングの指環』の魅力は何か。その主人公ジークフリート像を古代ゲルマンの英雄伝説に遡り、その系譜を辿り、英雄伝説から探ると流れるドイツ文化の特質とその精神の核心に迫る。

1687

ヒュギーヌス著／松田　治・青山照男訳
ギリシャ神話集
壮大無比なギリシャ神話の全体像を俯瞰する。紀元二世紀頃、ギリシャの神話世界をローマの大衆へ伝えるために編まれた、二七七話からなる神話集。各話は極めて簡潔に綴られ、事典的性格を併せもつ。本邦初訳。

1695